LA
CELLULE BELGE

THÈSE POUR LE DOCTORAT

L'ACTE PUBLIC SUR LES MATIÈRES CI-APRÈS

sera soutenu le Vendredi 21 Décembre 1900, à 1 heure

PAR

Henri MARTIN

MEMBRE DE LA SOCIÉTÉ GÉNÉRALE DES PRISONS

Président : M. LEVEILLÉ.

Suffragants : { MM. LE POITTEVIN. } Professeurs.
{ GARÇON. }

PARIS

LIBRAIRIE NOUVELLE DE DROIT ET DE JURISPRUDENCE

ARTHUR ROUSSEAU

ÉDITEUR

14, Rue Soufflot et Rue Toullier, 13

1900

LA

CELLULE BELGE

THÈSE POUR LE DOCTORAT

L'ACTE PUBLIC SUR LÉS MATIÈRES CI-APRÈS

Sera soutenu le Vendredi 21 Décembre 1900, à 1 heure.

PAR

Henri MARTIN

MEMBRE DE LA SOCIÉTÉ GÉNÉRALE DES PRISONS

Président : M. LEVEILLÉ.

Suffragants : { MM. LE POITTEVIN. } *Professeurs.*
{ GARÇON. }

PARIS

LIBRAIRIE NOUVELLE DE DROIT ET DE JURISPRUDENCE

ARTHUR ROUSSEAU

ÉDITEUR

14, Rue Soufflot et Rue Toullier, 13

1900

CHAPITRE PREMIER

LE RÉGIME CELLULAIRE EN GÉNÉRAL

.I. — CONSIDÉRATIONS GÉNÉRALES.

1° Son origine.

La Science Pénitentiaire a pris une importance considérable dès la fin du dix-huitième siècle et surtout au dix-neuvième. C'est en effet à cette époque que l'on voit paraître des hommes illustres qui, s'inspirant des idées humanitaires du dix-huitième siècle, s'occupèrent du sort des prisonniers, jusque là considérés comme des parias, et firent tous leurs efforts pour les régénérer.

L'anglais John Howard fut le promoteur du mouvement. Après avoir parcouru l'Europe pour visiter les prisons qui étaient, pour la plupart, des bouges où les condamnés, dans une oisiveté et une promiscuité continuelles, perdaient à la fois la santé et tout reste de bon sentiment, Howard fut navré de ses observations et il en conclut que l'isolement des condamnés devait être le plus puissant agent de moralisation.

H. Martin. — 1

Dès 1772, cependant, les Flandres avaient déjà essayé de remédier à cet état de choses en imposant le silence et le travail aux condamnés. Puis les Américains construisirent en 1786 le pénitencier de Walnut-Street, à Philadelphie, en 1816 celui d'Auburn, le premier ayant pour but simplement l'isolement des détenus jour et nuit, le second préconisant l'encellulement avec travail en commun sous la loi du silence pendant le jour. Ces systèmes se répandirent peu à peu en Europe. La Suède, par exemple, inaugura le régime Auburnien en 1827.

La réforme part en France de l'ordonnance royale du 6 septembre 1814, voulant établir dans les prisons du royaume « un régime qui, propre à corriger les » habitudes vicieuses des criminels condamnés aux » fers par sentences des tribunaux, les prépare par » l'ordre, le travail et les instructions religieuses et » morales, à devenir des citoyens paisibles et utiles à » la société quand ils devront recouvrer leur liberté. » Le système pénitentiaire français fut reconstitué par la loi de 1875, mais malheureusement les nécessités budgétaires sont une entrave à la transformation des prisons édictée par cette loi. Il n'y a actuellement chez nous que trente-neuf prisons cellulaires, c'est-à-dire le dixième environ (1).

______

(1) Rapport de l'Administration pénitentiaire de France au Congrès de Bruxelles, 1900.

2° Son but.

La révolution pénitentiaire avait deux causes : 1° la nécessité de montrer plus d'humanité vis-à-vis des prisonniers ; 2° le désir de les rendre meilleurs.

La société a le droit de punir celui qui lui a porté préjudice, mais la peine doit être proportionnée au mal causé. Il ne faut pas, sous prétexte qu'un homme est frappé, l'abandonner à son sort, n'avoir aucun souci de sa vie ni de sa santé physique et morale. Or, avant la réforme, les prisons étaient le plus souvent des réduits où les lois les plus élémentaires de l'hygiène étaient inobservées ; les maladies étaient fréquentes, la mortalité énorme. De plus, les condamnés enfermés ensemble étaient abandonnés à eux-mêmes, privés de conseils, inactifs et préparaient de nouvelles expéditions. Les hommes qui n'étaient pas encore foncièrement mauvais le devenaient bien vite.

Au point de vue moral, c'est là encore de nos jours l'inconvénient des prisons communes. Des règlements sévères sont, il est vrai, édictés pour maintenir le silence ; des efforts sont tentés pour moraliser ; mais le plus souvent tout cela est en pure perte.

Aussi, dès l'origine de la réforme, la cellule apparut-elle comme un remède. Elle atteignait le double but vers lequel on tendait : la Répression et l'Amendement ; elle préservait les détenus de l'odieuse contagion qui les pervertit sous le régime en commun, et favorisait le retour au bien par l'action moralisatrice du travail et des bons conseils. C'est là le but le plus noble de la prison ; c'est celui qui doit primer tous les autres. La peine est un acte de justice, fondé sur le double principe de la conservation sociale et de l'expiation ; or pour qu'une peine inflictive soit juste, il faut qu'elle soit proportionnée au délit, non seulement par sa durée, mais encore par son mode d'exécution. C'est cette exécution qui doit préoccuper la société et celle-ci doit organiser son régime pénal de telle façon que la réforme morale s'accomplisse en même temps que la réparation sociale. Nous verrons plus loin de quelle façon le régime cellulaire remplit pleinement cette condition.

Les adversaires du régime cellulaire prétendent que c'est une utopie de vouloir rendre les condamnés meilleurs. Je ne nie pas la justesse de leur raisonnement en certains cas : il y a en effet des êtres pervers, rebelles à tout bon conseil, mais heureusement ces cas sont assez rares et en général tout individu conserve toujours quelque grain de bonne semence dans le tréfonds de son âme. Il s'agit de féconder ce grain de mil et on y arrive non par l'excès de sévérité ou d'indulgence, mais par une discipline ferme, par de bons encouragements, par le travail, par une observation constante et une suppression complète des mauvaises influences. C'est pour cela qu'on a employé l'isolement.

La peine ne peut donc être uniquement un moyen d'intimidation ; il ne faut pas que la société dise au condamné : « *Lasciate ogni speranza voi ch'entrate.* » Elle doit au contraire lui faire espérer des jours meilleurs après qu'il aura payé sa dette et qu'il aura fait des efforts pour mériter de rentrer dans son sein. C'est là une politique sage et intéressée, car le libéré qui sortira amendé ne lui donnera plus de craintes et ne la forcera pas de nouveau à mettre en mouvement l'appareil de la répression.

3° Application du Régime cellulaire.

a) Conditions que doit remplir une bonne prison cellulaire. — La société privant un individu de sa liberté pour l'empêcher de nuire, a certains devoirs à remplir vis-à-vis de lui, entr'autres celui de le mettre dans des conditions n'altérant en rien sa santé.

L'alimentation doit être cependant ramenée au strict nécessaire pour forcer le prisonnier à donner un travail suffisant qui lui fournisse le moyen de se procurer quelques suppléments de ration. Il faut, en un mot, faire de la prison un lieu de répression et d'amendement et non un hôtel gratuit attirant les mendiants et les vagabonds. La peine expiatoire doit être sérieuse et intimidante pour empêcher la récidive et elle doit en même temps être moralement efficace pour l'avenir du libéré. Le directeur de la prison doit veiller avec soin à l'observation scrupuleuse des règles de l'hygiène. La cellule en effet tient lieu d'atelier, de dortoir et de réfectoire ; il faut donc qu'elle offre toutes les garanties de salubrité et en particulier un volume d'air suffisant : c'est en moyenne 25 à 30 mètres cubes. La ventilation doit être parfaite et sous ce rapport la prison de Fresnes est merveilleusement aménagée, l'air y étant mécaniquement renouvelé deux fois par heure. Il ne faut pas non plus que le condamné souffre des rigueurs de l'hiver : il est nécessaire de lui fournir en moyenne une température de quinze degrés : le froid en effet a une influence fâcheuse sur le moral et de plus il empêche le condamné de se livrer à son travail. La question de l'eau est également importante. Comme elle est à peu près la seule boisson du prisonnier il faut qu'elle soit fraîche et parfaitement pure ; il faut aussi que le détenu en ait à sa disposition une quantité suffisante pour les soins que réclame la propreté.

On doit encore surveiller avec soin l'installation des sièges d'aisances (1).

---

(1) Nous verrons que plusieurs systèmes ont été appliqués ; les uns ont préconisé le siège fixe, à Gand par exemple, mais il a l'inconvénient d'être plus onéreux et facilite, dit-on, les communications ; aussi les autres, comme M. Stevens, ont ils adopté le siège mobile, mais l'inconvénient est le dégagement d'air vicié qui se produit tous les matins lors du nettoyage. A la prison de Fresnes on a adopté le tout à l'égout qui paraît remplir toutes les conditions désirables de salubrité.

Enfin les services accessoires de la prison, cuisine, boulangerie, buanderie, infirmerie, doivent se trouver en dehors du cellulaire.

b) Les différents systèmes cellulaires. — Deux systèmes principaux sont en présence et ont servi de modèle dans l'application de la cellule : ce sont ceux de Philadelphie et d'Auburn.

1° Système de Philadelphie. — Le régime de Philadelphie date de la fin du dix-huitième siècle. Il fut en effet inauguré par la construction de la prison de Walnut-Street en 1786. Cette prison contenait environ trente cellules. On y introduisait les condamnés pour crimes capitaux ; peu à peu on en étendit l'application. En voici les caractères : le condamné est enfermé jour et nuit en cellule ; le travail n'est pas obligatoire. Les peines disciplinaires consistent dans le cachot obscur et la réduction de ration. Cet isolement absolu est atroce et a fait donner à ce système le nom de cellule-tombeau. Peu après, on reconnut que l'oisiveté avait un effet déplorable sur le condamné, aussi introduisit-on le travail dans une prison similaire, à Cherry-Hill. Le système primitif de Philadelphie n'a plus guère maintenant qu'un intérêt historique.

2° Système d'Auburn. — En 1816 l'Etat de New-York fit construire la prison d'Auburn. On avait reconnu les inconvénients du système philadelphien ; on avait mis en avant cette théorie que l'homme étant un être essentiellement sociable, avait besoin de vivre en société ; on avait enfin reconnu la barbarie du procédé consistant à livrer un homme à lui-même, à le priver pendant longtemps de tout commerce avec ses semblables et on avait alors créé un nouveau régime, celui d'Auburn. Ici les détenus étaient isolés la nuit et travaillaient en commun le jour sous l'obligation du silence. Le nouveau système avait l'avantage d'être moins coûteux que le premier et avait une meilleure influence sur le moral des détenus ; mais d'autre part on y retrouvait beaucoup des inconvénients du régime commun. Toutefois il s'est beaucoup répandu, mais il est loin de réunir tous les suffrages.

Entre ces deux modes il fallait un moyen terme et c'est à la Belgique que revient l'honneur d'avoir trouvé la nouvelle organisation qui servit dans ses grandes lignes de modèle à tous les Etats de l'Europe.

c) Éléments moralisateurs à mettre en œuvre dans le système cellulaire : Le travail, les visites. — Parmi les éléments moralisateurs, le premier est le Travail. « Aucune discipline, si habilement combinée qu'elle » puisse être, dit Herbert Spencer, ne vaut pour la » moralisation d'un prisonnier la discipline naturelle » du pain quotidien gagné par le travail. » Il faut habituer le condamné à travailler : on l'y encourage par le salaire ; le chômage dans les prisons est la préface de la révolte. Sans doute dans les prisons de

courtes peines, il sera difficile de donner au détenu
un travail sérieux, mais on aura déjà obtenu un
résultat appréciable si on a pu le déshabituer de
l'oisiveté. C'est surtout dans les prisons de longues
peines qu'il importe d'avoir une bonne organisation
du travail. L'administration pénitentiaire ne doit pas
perdre de vue ce principe : *Pœna constituitur in emenda-
tionem hominum*. Elle doit viser non pas le rendement mais la moralisation. C'est ce que l'on a généralement compris en substituant en beaucoup d'endroits
le travail en régie au travail à l'entreprise. Il ne
suffit pas d'occuper le prisonnier, il faut autant que
possible tenir compte de ses goûts, de ses aptitudes.
Bref le travail ne doit pas être pénal mais pénitentiaire, c'est-à-dire qu'on doit viser l'amélioration du
coupable, on doit lui inspirer l'horreur de l'oisiveté ;
il faut lui donner l'amour, l'habitude du travail, afin
que lors de la libération il cherche à se reclasser au
lieu de retomber dans le vice, dans le vagabondage,
dans l'oisiveté qui lui semblerait alors par suite du
dégoût de la vie active menée en prison « un déli-
» cieux changement, une revanche, une manifesta-
» tion de son indépendance reconquise (1). »

Un bon directeur de prison doit donc veiller avec
soin à l'organisation du travail ; c'est en effet pour

(1) M. Léveillé. — *Temps*, 28 septembre 1884 : *Les Récidivistes
et les forçats libérés.*

lui un puissant adjuvant et il doit tendre à arriver à ce résultat que le condamné soit puni de la privation du travail.

On a dit : Il est difficile de donner au détenu une occupation sérieuse : l'apprentissage serait trop long, ou bien encore il y a peu de métiers auxquels se prête le système cellulaire. C'est là une erreur profonde ; ou plutôt, on a trop considéré le côté économique. Il est vrai que ce n'est pas aux honnêtes gens de supporter l'entretien du criminel et qu'il doit, autant que possible, s'entretenir avec son salaire. Ce n'est pas là une objection sérieuse. J'ai visité les prisons belges et j'ai été frappé de la multiplicité des travaux qu'on y a introduits ; l'apprentissage n'est pas si long que quelques-uns le prétendent et les métiers les plus difficiles, ceux de cordonnier ou de tailleur, ne demandent guère plus de six à neuf mois de stage. Après ce temps, l'ouvrier est assez habile pour dédommager l'administration du sacrifice qu'elle a fait, et enfin à sa sortie il est en mesure de gagner honorablement sa vie.

Avec un travail forcé on arrive à un résultat négatif. Il est pour le condamné un supplice qui accroît sa haine de la société ; il devient un esclave dominé seulement par la crainte. Cependant la nécessité du travail ne fait aucun doute ; sans lui le détenu se démoralise, arrive à l'ennui, aux intrigues, au marasme, à la révolte. M. Stevens appelle le travail le « Régénérateur de l'humanité ». Sans lui, d'ailleurs, il est impossible de maintenir dans les prisons l'ordre et la discipline, et M. Herbette, directeur de l'Administration pénitentiaire française, écrit dans son rapport au Congrès de Saint-Pétersbourg en 1890 (Acte 3, p. 43) (1). « Si la paresse corrompt les gens en liberté, » elle est d'autant plus funeste sur les détenus. Pro- » curer ou imposer l'oisivité aux criminels et aux » délinquants, ce serait donner aux plus pervertis la » satisfaction de la paresse, arracher aux moins » déshonnêtes les moyens de relèvement ; ce serait » les condamner tous aux égarements, à la violence, » à la corruption que l'oisiveté provoque même chez » les hommes libres et qui sont fatals chez les êtres » dégradés qu'on laisse livrés sans défense aux pires » instincts. Ce serait faire peser sur les honnêtes gens » la honte de travailler pour nourrir les coquins à ne » rien faire, puisque la charge de l'entretien des » détenus ne serait pas allégée, comme il est juste, » par un prélèvement sur le produit de leur tra- » vail ».

Punir pour punir est un principe que l'on ne saurait admettre. Un travail purement pénal aurait donc pour but l'intimidation et l'expiation, mais, nous l'avons vu, cela ne suffit pas : il est donc nécessaire

(1) *Bulletin de la Commission pénitentiaire internationale.* Mars 1895. — 1895, p. 205.

de donner au prisonnier non une corvée qu'il accomplira de mauvaise grâce, mais un dérivatif à ses humeurs noires ou à ses pensées criminelles. On justifiera ainsi le mot de Howard : « Rendez les hommes » laborieux, vous les rendrez meilleurs ». C'est là le rôle de l'Etat qui a, moins qu'un entrepreneur, à entrer dans de mesquines considérations budgétaires. Il pourra ainsi multiplier les métiers où les ouvriers des villes développeront leurs aptitudes professionnelles et employer les ouvriers agricoles à des travaux faciles ou aux services de la prison.

Une des grandes critiques faites à l'organisation du travail dans les prisons est celle-ci : la main-d'œuvre pénale, vu la modicité du prix, est une concurrence sérieuse pour l'industrie libre. Ne peut-on y remédier par un choix intelligent du travail? On oublie d'ailleurs que si les détenus étaient libres ils travailleraient avec les ouvriers libres. Et puis, les frais de justice étant les mêmes, l'Etat devrait demander à l'impôt ce qu'il ne retrouverait pas d'une autre façon. Enfin, s'il laissait les détenus dans l'oisivité, il supprimerait arbitrairement des producteurs. En fait la concurrence est illusoire en raison de la fraction minime de travail livrée proportionnellement à la production libre, et de la qualité souvent mauvaise de la main-d'œuvre. Le mieux que l'on puisse faire est d'employer les détenus à la confection d'objets que l'Etat consomme, et encore faut-il agir avec prudence. En résumé, tout condamné garde intact son droit au travail pendant la durée de la peine, et la société, en lui enlevant le droit d'en chercher librement, contracte par ce fait même l'obligation de lui en procurer. A cela on peut répondre que le prisonnier est dans des conditions plus favorables que l'ouvrier libre, car la société lui fournit l'outillage et l'écoulement de ses produits, tandis que l'artisan est exposé aux chômages, au manque de crédit, au défaut de vente. C'est vrai jusqu'à un certain point, mais là encore c'est l'organisation du travail qui sera le palliatif. On tâchera de donner d'autres travaux que ceux exécutés dans la région.

On a également discuté sur le point de savoir si le condamné avait droit à un salaire. Ceux qui le nient font remarquer que l'État étant chargé de l'entretien du détenu serait parfaitement libre de retenir tout le produit du travail pénitentiaire : cela réduirait les frais de la répression. Mais on peut, par contre, faire observer que l'Etat a tout profit à rémunérer le travail; il stimule ainsi l'activité du détenu qui pourra se procurer des ressources lui permettant d'améliorer son ordinaire, de secourir les siens et d'avoir, lors de la libération, quelques subsides qui lui faciliteront les premières démarches relatives à la recherche d'un emploi. L'Etat, d'autre part, y a aussi un réel avantage et cela pour deux raisons : l'une économique, c'est que la production est plus forte; l'autre d'ordre public, c'est que le libéré sera moins attiré vers de nouveaux délits.

Non seulement il est nécessaire d'occuper le corps et l'esprit du détenu, mais il faut encore s'efforcer de lui faire répudier le mal et de le tourner vers le bien. C'est dans ce but que l'on a institué les visites. Elles sont une consolation, un fortifiant pour le condamné; il a besoin d'un confident qui lui fasse comprendre la gravité de sa faute et lui fasse entrevoir l'espoir du pardon s'il s'amende. Ces visites sont faites par le directeur, les gardiens, les aumôniers, les instituteurs, les médecins et il est à souhaiter aussi que les membres des comités de patronage aient un large accès dans la prison.

Le plus souvent, néanmoins, le détenu est en contact avec ses gardiens, c'est pourquoi il importe d'avoir dans les prisons un excellent personnel. De même qu'un directeur de prison ne peut être improvisé, de même on ne peut prendre n'importe qui comme gardien. Or, le recrutement est souvent difficile à cause de la quantité d'agents nécessaire et surtout des traitements souvent minimes pour un service pénible et ingrat. On devrait pouvoir prendre les gardiens dans les classes supérieures de la société et on a bien du mal à les recruter le plus fréquemment dans les classes inférieures. Toutefois il faut reconnaître que ces modestes fonctionnaires font preuve de zèle. On devrait autant que possible mettre les gardiens en contact avec les détenus quand ils sont suffisamment instruits des règlements, quand ils ont acquis le tact nécessaire dans l'accomplissement de leur tâche. C'est d'ailleurs ce que disait M. Stevens à la commission d'enquête parlementaire instituée en France en 1872 (1) : « Le recrutement des gardiens » est difficile..... Je ne connais rien de plus singulier » que de prendre des hommes qu'on habille en gar- » diens et qu'on charge aussitôt d'appliquer des » règlements qu'ils ne connaissent pas. Je le répète, » il faut former tout le personnel des prisons et non » l'improviser ».

Depuis plusieurs années d'ailleurs on a organisé, notamment en France, des écoles de gardiens. C'est là un énorme progrès, car du choix des agents dépendent les bons résultats de la cellule. Tant vaut l'homme, tant vaut l'institution. L'agent doit allier à la sévérité la justice et la bonté : il lui faut en un mot le zèle d'un apôtre.

B. — SES EFFETS, SES AVANTAGES
SUR LES AUTRES RÉGIMES

1°. — Son effet physique et mental.

Les médecins comme les criminalistes se sont par- tagés sur la question de savoir si la cellule a une

(1) Stevens. — *Régime des établissements pénitentiaires,* 1875, p. 133.

bonne ou une mauvaise influence sur le détenu. Beaucoup condamnent la cellule comme nuisible à la santé du condamné. Il y souffre, disent-ils; il y tombe malade et fréquemment devient fou : « Le désir de » vivre en société est une loi naturelle » (1).

On met en avant la mortalité; cependant les statistiques ne sont pas si désespérantes, et il faut aussi tenir compte que dans toute prison il y aura toujours plus de maladies et plus de cas d'aliénation que dans la société honnête et libre. C'est un résultat fatal de la vie de désordres et de vices qui a altéré la santé du détenu. Je dirai plus; si on consulte les statistiques, on verra que la prison cellulaire atteint sous le rapport de la mortalité un chiffre moins élevé que celui des maisons d'emprisonnement collectif.

On remarque souvent aussi une proportion plus grande d'aliénés dans les prisons que dans la population libre. Tel état mental qui n'est pas de la folie diminue cependant le libre arbitre; or l'individu qui a commis son crime dans cet état devient insensiblement fou. Il y a donc une injustice à attribuer la folie à l'influence du régime cellulaire lui-même.

Souvent aussi, dit-on, le détenu cherche à se débarrasser de ses souffrances en se réfugiant dans le suicide. Or, on constate également un pourcentage infime de suicides. Les individus qui y recourent

(1) Montesquieu : *Esprit des Lois*. L. I. Ch II.

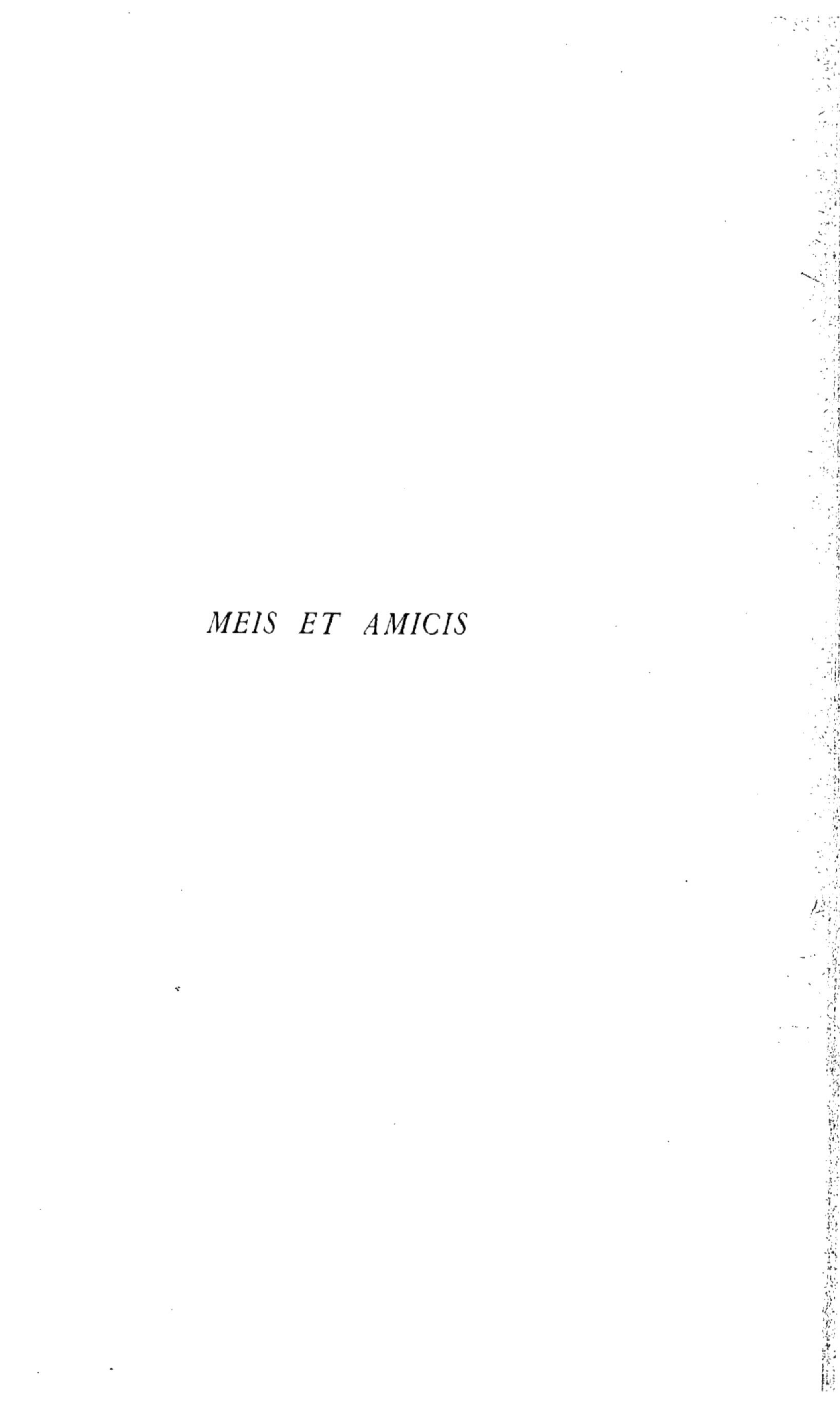

MEIS ET AMICIS

sont le plus souvent les prévenus, et rarement les condamnés; ici encore il faut souvent tenir compte de l'état mental de l'individu avant l'incarcération et on ne peut vraiment faire à ce sujet le procès de la cellule.

Dans la cellule on remarque souvent l'anémie et la tuberculose. L'anémie est peut être causée par ce régime : les exercices violents manquent et le détenu se trouve le plus fréquemment assis pour faire son travail; mais peut-on dire que la tuberculose est la résultante de l'encellulement? Les médecins ont d'ailleurs reconnu le contraire au Congrès de Bruxelles de 1900 auquel j'eus l'honneur de prendre part. Dans la discussion relative au contrôle de la santé physique et mentale des détenus, on a émis le vœu que, dès l'arrivée du détenu, on prît des renseignements sur ses antécédents et sur ceux de sa famille. D'ailleurs, en pratique, le médecin demande ces renseignements au condamné lui-même. Dans ce même Congrès fut traitée la question de l'influence du régime cellulaire sur la santé physique et mentale des détenus. De nombreux rapports ont été présentés et presque tous recommandent le système cellulaire, opinion à laquelle du reste s'est rangée la majorité des congressistes.

M. Sigfrid Wieselgren, directeur général des établissements pénitentiaires de Suède, est d'avis que ses prisonniers supportent très bien la cellule et son témoignage est corroboré par les notes des médecins de prisons ; les trois quarts des détenus avaient même augmenté de poids. La moyenne de la mortalité de 1887 à 1896 est de 1,04 0/0, tandis que dans la population libre elle est de 1,82 0/0 de 1881 à 1890. Sur 1438 détenus il y a eu 28 cas d'aliénation en 1897 et sur ces 28, onze seulement ont nécessité le transfert dans un asile.

M. Ladislas de Uray, directeur du pénitencier de Nagy-Enyed (Hongrie), préconise la cellule. Elle est très propice à la bonne santé du détenu, mais, dit-il, « je constate que la cellule est bien capable de déve- » lopper les moindres dispositions pour la maladie » mentale ».

Les observations consignées dans les rapports des médecins attachés au service des prisons cellulaires, dit M. Astor, constatent que les détenus qui deviennent fous au cours de la détention, étaient déjà atteints ou prédisposés avant l'incarcération. C'est surtout dans les premiers temps que la maladie mentale se déclare. Ce n'est donc pas sous l'influence de l'isolement prolongé. La cellule n'est pas plus la cause du suicide. Toutefois il faut observer que du tempérament du détenu dépend le sort de sa déten- tion ; certaines natures supportent difficilement l'iso- lement, les gens sanguins par exemple, les anémi- ques, les névrosés, mais en général l'avantage de la cellule c'est qu'elle est un obstacle à la propagation des maladies infectieuses et épidémiques.

M. Raux, directeur de la maison centrale de Montpellier, observe que le coefficient de maladie et de mortalité est moindre en prisons cellulaires qu'en tout autre lieu. Bien plus, généralement le détenu fatigué et usé par le vice retrouve dans la vie calme, régulière, mais active de la cellule ses forces et sa santé.

M. Petersen, médecin du pénitencier de Vridslöselille, en Danemark, accuse une mortalité égale dans les prisons cellulaires et communes, 1 0/0. Il en est de même pour les maladies, 5 0/0.

M. Benielli, directeur de la circonscription pénitentiaire de Besançon, affirme que l'emprisonnement cellulaire n'a pas de funestes effets pour les condamnés jouissant d'une bonne santé, et cela à cause des multiples précautions hygiéniques qui sont prises. L'emprisonnement cellulaire ne détermine pas plus l'affaiblissement mental s'il ne rencontre pas un terrain préparé. Il en est de même pour le suicide ; c'est une loi fatale à laquelle obéit le condamné ; qu'il soit isolé ou en commun il cherchera à mettre son projet à exécution. Toutefois, une trop longue détention diminue les forces ; mais cela se produit sous tous les régimes, puisque c'est plutôt le corollaire de toute privation de liberté et du défaut de développement de l'activité physique.

En Suisse, à Lenzbourg, M. Hürbin a constaté que la santé physique et mentale des détenus n'est pas plus altérée que dans l'emprisonnement en commun. Il n'y a guère plus de 1,47 0/0 d'aliénés.

M. le docteur de Beauvais a présenté un intéressant rapport sur les effets du régime cellulaire à Mazas.

De sa longue expérience résulte cette constatation que chez les individus bien portants la cellule n'exerce aucune influence sur la santé. La mortalité y est moins grande que dans les prisons communes. Le régime cellulaire ne provoque ni n'aggrave les maladies, sauf la scrofule. C'est surtout pour les malades mis à l'infirmerie que ce régime est d'une utilité incontestable. Les prisonniers sont ainsi dans des conditions plus avantageuses que les malades des hôpitaux. Cependant ce système est dangereux pour les gens sanguins et les anémiques. S'il est prolongé il peut déprimer l'individu. Les suicides sont peu nombreux ; il en est de même des aliénés. Les fous qu'on observe sont généralement des individus qui ont déjà eu des accès, mais il n'y a pas, à proprement parler, de folie pénitentiaire. En vingt-huit ans M. le Dr de Beauvais n'a observé que sept ou huit cas de troubles mentaux passagers dus à l'isolement.

M. le Dr de Rode, médecin aliéniste en Belgique, donne les conclusions suivantes : Il n'existe pas de folie qui soit propre aux prisons cellulaires et qui puisse être appelée du nom de folie pénitentiaire.

Ces folies que l'on observe dans ces établissements
sont les mêmes que celles de la vie ordinaire, mais
modifiées par les conditions hygiéniques spéciales,
sociales et disciplinaires des établissements. Le
nombre des cas d'aliénation mentale dans les prisons
cellulaires n'est guère supérieur à celui des cas dans
les prisons communes. De plus, ils sont moins graves
et d'une durée moins longue. On peut enfin réduire
leur nombre en établissant une sélection des condamnés
admis à subir le régime cellulaire ou en éloignant
dès le début ceux qui présentent une altération des
facultés mentales.

Enfin M. Barthès, instituteur à la Petite Roquette,
prétend qu'il y a de sérieux inconvénients à encelluler
un individu pendant un certain temps : il en résulte
un affaiblissement physique, des troubles cérébraux.

A mon avis, l'état physique et mental dépend dans
une large mesure de l'application intelligente du
régime cellulaire, et il faut nécessairement envoyer
dans des quartiers communs les rares individualités
inadaptables à la cellule.

2° **Son effet moral.**

Le Régime cellulaire a-t-il un effet moralisateur?
Une chose est certaine, c'est qu'il préserve les individus qui y sont soumis de la contagion, et par tant
l'œuvre de la moralisation peut se poursuivre avec

quelque chance de succès. C'est aux gardiens et aux personnes qui font les visites qu'incombe en grande partie cette attribution ; c'est aussi des livres dont on fera un choix judicieux et qui seront mis entre les mains du détenu aux heures de repos qu'on doit l'attendre. Il faut donc chercher de toutes manières à ranimer ou à éveiller en lui les bons sentiments ; la lecture souvent remplit cet office. Le Directeur de l'Administration pénitentiaire déposait en ces termes à la Commission d'enquête parlementaire de 1873 (1) : « La lecture exerce sur le moral des détenus une » heureuse influence. Ceux qui en contractent le » goût ont généralement une bonne conduite ; bien » dirigée, elle peut opérer sur l'âme et l'organisation » du prisonnier une révolution salutaire ; aussi le » choix des livres est-il d'une grande importance. »

La solitude n'a pas sur l'âme un effet si terrible que l'on veut bien le dire. Elle est souvent chez l'homme de bien une occasion de faire un retour sur lui-même, de prendre de bonnes résolutions. Ne peut-on pas dire qu'elle doit aussi être utile pour celui qui a failli et qui n'est pas encore tombé au dernier degré de la perversion ? La cellule assouplit les volontés les plus rebelles et finit toujours par provoquer des dispositions à l'amendement, principalement chez les condamnés jeunes. Le coupable, en effet,

(1) *Les Institutions Pénitentiaires de la France*, 1895, p. 476.

réfléchit et arrive souvent au regret de sa faute en entendant la voix de sa conscience ; c'est incontestablement la solitude qui l'y prépare, puisqu'en l'éloignant du mal elle ne lui présente que de bonnes influences qui peu à peu prennent racine chez lui.

Dès l'origine, le prisonnier se trouve accablé dans sa cellule et il souffre, ou bien encore il se montre violent, mais peu à peu le calme renaît en lui ; les bons sentiments que l'on cherche à lui inculquer, la régularité mécanique de sa vie produisent peu à peu un effet salutaire et le déshabituent du mal. Mais cela ne sufit pas ; aussitôt que l'on voit ces bonnes dispositions naître, il faut les encourager, les fortifier, en un mot s'efforcer de les rendre durables, et on arrivera ainsi à réaliser cette pensée que Clément IX avait fait graver au-dessus de la porte de la prison cellulaire de Saint-Michel à Rome en 1703 : « Ce » n'est pas assez de réprimer les méchants par le » châtiment ; il faut encore les rendre honnêtes par » un bon régime. »

La cellule a également un effet préventif : elle effraie, elle frappe l'imagination publique. Les récidivistes la redoutent et la plupart des statistiques montrent qu'elle a pour résultat de diminuer leur nombre. M. Raux prétend que la majeure partie de la population flottante des criminels d'habitude émigre et quitte les centres où l'emprisonnement individuel est appliqué : c'est une preuve que cette peine est répressive et exemplaire. Toutefois il est bien difficile de représenter par des chiffres des résultats complets et certains. Le mieux est de résumer l'influence du système de l'emprisonnement individuel par cette phrase de M. Verhaegen, aumônier de la prison d'Anvers, confirmée par M. le Dr Dausse, de Bordeaux, au sixième Congrès pénitentiaire : « Si le » système cellulaire n'améliore pas toujours, il ne » rend pas, du moins, plus mauvais. »

3° Ses avantages sur les autres régimes.

Un avantage incontestable de l'isolement, le plus grand à mon avis, est d'enlever le détenu à tout contact malsain. Quoi de plus pernicieux, en effet, que le régime commun ? C'est l'école de la corruption, c'est un véritable foyer de dépravation quelle que soit la surveillance exercée. MM. de Beaumont et de Tocqueville ont dit avec raison (1) : « La réforme morale, » même avec l'isolement et le silence est toujours » incertaine ; la corruption avec le mélange des » détenus ne l'est jamais. »

On a toujours mis en avant, quand on a voulu critiquer la cellule, la grande idée que l'homme étant né sociable, la science pénitentiaire doit tenir compte de cette loi. On a dit qu'il était impossible de réagir

(1) Cité par Stevens. — *Régime des Etablissements Pénitentiaires* (1875), p. 58.

contre les besoins et les instincts de l'homme sous
peine de violer une loi naturelle. Mais on oublie trop
que les condamnés étant en contact se voient, se
connaissent, usent de tous les stratagèmes possibles
pour rompre le silence et communiquer entre eux, et
former des associations de malfaiteurs qui opéreront
dès la libération. La prison commune, dit M. Bérenger,
est le noviciat de la récidive.

L'exemple, dit-on encore, agit sur l'homme ; d'où
le détenu qui verra les autres travailler et se bien
conduire sera entraîné à les imiter. Est-ce bien sérieux ?
Je ne le crois pas, car il faut compter sur le cynisme
de la population pénale, il faut compter sur les fanfa-
ronnades, sur les moqueries des plus mauvais à
l'égard de ceux qui tentent de se relever. Cette
réunion de condamnés déteste ses gardiens, ses
instituteurs dont elle se moquera, ses aumôniers
qu'elle couvrira d'insultes. Ces mauvais exemples
auront bien plus de succès que les bons. M. de Metz
acceptait n'importe quoi comme cellule, même la
place publique « mais à la condition, disait-il , d'en
» éloigner les malfaiteurs. » Qu'importe la loi du
silence. Elle est une nouvelle cause d'indiscipline.
Les condamnés sont en proie à d'irrésistibles tentations, c'est pour eux un véritable supplice de Tantale,
un piège perpétuel où ils tomberont fatalement. Et
puis, comme je le disais plus haut, les regards et les
gestes sont un langage, qui apporte toutes les séduc-

tions d'une jouissance défendue. Ces communications feront des détenus des amis, et ces compagnons de chaîne, habitués à former des complots sans cesse renouvelés contre la discipline, seront plus tard des complices.

Evidemment celui qui parviendra dans de telles conditions à se reclasser aura beaucoup de mérite et devra être l'objet des faveurs multiples de l'administration ; mais il est bien paradoxal de prétendre que cela peut se présenter. L'homme déjà tombé n'a guère de chances de s'amender dans un milieu pervers ; les autres lui inoculent leurs vices, et lors de la libération les mauvais instincts seuls subsistent. « Ma » plume, écrit Ducpétiaux, se refuse à écrire les » ignobles passions qui s'agitent dans ces masses » confuses, et la rougeur me monte au front à la » seule idée des turpitudes et des obscénités qu'en- » gendre cette sorte de pandemonium. De l'aveu » des prisonniers eux-mêmes qui en ont subi l'atteinte, » la prison commune est un gouffre où disparaît » toute honnêteté, toute pudeur, et d'où l'on ne sort » que souillé à jamais. »

Les mêmes inconvénients se retrouvent dans le système d'Auburn ou régime en commun mitigé, tout au moins s'il est appliqué dès le commencement de la peine. C'est d'ailleurs l'opinion de notre éminent Maître, M. Léveillé, « l'adversaire décidé de l'empri- » sonnement en commun pour les débutants, parce

» que pour de tels hôtes la prison commune ne peut
» être que l'école préparatoire de la récidive (1). »

Ainsi, tandis que le système cellulaire produit à la fois l'intimidation et la moralisation, le système commun n'est guère que répressif. L'emprisonnement individuel, en supprimant la promiscuité, en anéantit les déplorables effets. Si le coupable libéré n'est pas régénéré, du moins il reste avec ses propres vices qu'il n'a pu communiquer de même qu'il n'a pu s'assimiler ceux des autres.

(1) *Revue pénitentiaire*, 1889, p. 881.

CHAPITRE II

HISTORIQUE DU RÉGIME PÉNITENTIAIRE BELGE

En Belgique, comme partout, au xvIII[e] siècle
encore, le prisonnier est enfermé dans des bouges
malsains autant au point de vue physique qu'au
point de vue moral. C'était une série de sombres
réduits inaccessibles à l'air, où les prisonniers privés
le plus souvent de nourriture succombaient. Howard
a d'ailleurs dévoilé cet oubli profond des devoirs
envers des semblables déchus, « victimes de la justice humaine ». Le vagabondage et la mendicité
infestaient les villes et les campagnes et répandaient
l'effroi par les rapines et les déprédations sans cesse
renouvelées. Les pouvoirs publics s'émurent de cet
état de choses qui fatalement augmentait la criminalité. Le 2 août 1765, le prince Charles de Lorraine,
gouverneur des Pays-Bas Autrichiens, signala au
conseil privé les abus introduits dans l'administration
de la justice criminelle et l'inefficacité des peines
prononcées. Le 13 avril 1771, M. de Fierlant, Con-

seiller d'État et Président du Grand Conseil de Malines, reprend cette discussion et demande l'établissement de maisons de correction avec travail forcé. En février 1771, les Etats de Flandre invitent leur président, le comte Jean Vilain XIIII, premier échevin de Gand, à formuler un rapport sur la situation que créait au pays une extension de la criminalité parallèle à celle de la mendicité et du vagabondage, ainsi que sur les moyens d'y remédier. Vilain XIIII se mit à la besogne et exposa en avril un système original de prévention et de réformation criminelle, qui a fait de lui un des plus grands noms de la réforme pénitentiaire. Son but est de prévenir les délits en supprimant les mendiants valides et les vagabonds de profession parmi lesquels se recrutent presque tous les malfaiteurs et de mettre obstacle à la récidive en améliorant les délinquants. Pour régénérer le criminel, il fallait lui apprendre un métier, lui permettant de vivre honorablement lors de sa libération. Dans ce mémoire, Vilain XIIII préconise la classification par sexe, par âge et par gravité de délits, la séparation nocturne, les visites de l'aumônier, le travail et les repas en commun sous la loi du silence.

L'Impératrice Marie-Thérèse envoie son approbation au projet le 17 janvier 1772 et une délibération du 16 mai suivant décrète la construction d'un quartier séparé pour les mendiants valides, d'un pour les femmes et enfin d'un troisième pour les ouvriers sans travail qui en demanderaient. En mai 1775, la prison de Gand ouvrait ses portes.

Les premiers temps furent prospères, aussi Howard écrit-il, en 1775, lors de sa visite au pénitencier (1) : « Ceux qui assistent au dîner des prisonniers admirent » la régularité, la décence et l'ordre avec lesquels » tout s'y exécute au premier mot du directeur ; » aucun bruit, aucune querelle ne s'y fait entendre ; » on n'y peut remarquer de confusion ; et cet assem- » blage de 190 criminels robustes et turbulents est » gouverné, ce me semble, avec plus de facilité, plus » d'aisance qu'une assemblée d'hommes sages et » instruits ne le peut être dans la vie libre ».

Malheureusement quelques industriels influents alléguant que les produits manufacturés par les détenus leur faisaient une concurrence déplorable, Joseph II ordonna, en 1783, la fermeture de la manufacture. et l'institution de Vilain XIIII périclita.

Douze ans après, la Belgique devint Française et la Convention rattacha les prisons au gouvernement central. L'arrêté du 28 janvier 1801 organisa le travail dans les maisons centrales, mais malheureusement les résultats furent déplorables, les prisonniers étant livrés à un entrepreneur qui était souverain

____

(1) *État des prisons, des hôpitaux et des maisons de force,* 1er vol., p. 333.

maître et ne visait guère que le rendement. Les vices et la corruption avaient fait leur réapparition.

En 1814, la Belgique et la Hollande sont réunies. Le nouveau Gouvernement montre plus de sollicitude : il crée des commissions de surveillance et des collèges d'administrateurs et organise l'administration intérieure par les arrêtés de 1821 et 1827. Le travail était encore mal organisé, tantôt à l'entreprise, tantôt en régie. Certains condamnés privilégiés pouvaient s'y soustraire ; il n'y avait plus de classification entre les détenus, ni d'enseignement moral sérieux ; le débit des boissons étant autorisé, il en résultait des scandales. Survint la Révolution de 1830, et c'est alors qu'apparaît un des plus grands noms de la science pénitentiaire, Edouard Ducpétiaux.

2ᶜ Période. — De 1830 à 1870.

Nommé inspecteur général des prisons le 29 novembre 1830, Ducpétiaux s'efforça d'amener l'administration pénitentiaire à supprimer les abus. Il fit observer l'isolement de nuit et les classifications établies par Vilain XIIII et négligées depuis. Bien plus, il préconisa l'isolement complet comme présentant les meilleures garanties de moralisation ; il institua à la maison de Gand, en 1835, un quartier contenant trente-deux cellules ou cachots. Les résultats en furent si favorables que l'administration présenta aux Chambres, en 1844, le 3 décembre, un projet de loi substituant le régime de l'isolement au système jusqu'alors adopté. Dans l'exposé des motifs, le baron d'Anethan montre que le système jusqu'alors pratiqué a des inconvénients ; les communications entre détenus sont fréquentes malgré la surveillance et engendrent une camaraderie très préjudiciable pour l'avenir. De plus, celui qui a encore quelque sentiment d'honneur trouve une aggravation de peine dans cette réunion et le corrompu un adoucissement. L'emprisonnement individuel aura donc un double but, il sera plus répressif et offrira plus de chances d'amendement. La Commission se prononça pour le système pensylvanien, mais le pouvoir législatif ne le sanctionna pas; il se montrait plutôt disposé à admettre le régime cellulaire en principe, laissant subsister l'emprisonnement en commun pour certains cas. Le projet établissait en outre une réduction pour les prisonniers en cellule et un maximum. La Commission voulait, au contraire, que toute la peine fût subie en cellule.

Pendant ce temps, avec l'approbation tacite des pouvoirs, le Gouvernement faisait transformer ou construire plusieurs prisons, celle de Tongres, par exemple, en 1844, celles de Liège, Verviers, Courtrai, Anvers. Le Congrès pénitentiaire de Francfort, en 1846, encourage Ducpétiaux en décidant que l'emprisonnement individuel sera appliqué aux condamnés en général avec les aggravations et les adoucissements commandés par la nature des offenses et des condamnations, l'individualité et la conduite des prisonniers, de manière que chaque condamné soit occupé à un travail utile, jouisse chaque jour de l'exercice en plein air et participe au bénéfice de l'instruction morale, religieuse et scolaire et aux exercices du culte..... L'emprisonnement individuel sera également appliqué aux détentions de longue durée « en le combinant avec tous les adoucissements » compatibles avec le maintien du principe de la » séparation ».

Il en fut de même à Bruxelles en 1847. Enfin le projet de révision du Code Pénal, voté en 1853 à la Chambre des Représentants, consacrait la règle suivante : isolement dans des cellules pour les condamnés aux travaux forcés ; pour les condamnés à la détention, interdiction de communiquer entre eux, faculté de communiquer avec les personnes du dehors. Seulement, comme l'état des prisons ne se prêtait guère à l'application de la règle nouvelle, la commission du gouvernement et celle de la Chambre se firent une réflexion très juste : les peines édictées étaient celles du Code Pénal de 1810 ; pouvait-on, sans une injustice flagrante, soumettre les condamnés au régime plus rigoureux de l'isolement sans leur accorder une réduction des condamnations prononcées ?

H. Martin. — 3

On proposa alors une disposition additionnelle :
« Les condamnés aux travaux forcés, à la détention,
» à la réclusion et à l'emprisonnement correctionnel
» pourront être soumis au régime de la séparation,
» mais alors la durée des peines prononcées par les
» cours et tribunaux sera réduite dans l'exécution de
» la manière et dans la proportion indiquées dans un
» tableau annexé au Code ». La réduction accordée
variait selon la durée de la peine et équivalait en
moyenne à la moitié ; les condamnés aux peines
perpétuelles ne pouvaient être soumis à l'isolement
plus de neuf ans (1). C'était l'idée de Ducpétiaux. La
commission du Sénat, au contraire, voulait une
réduction uniforme, quelle que soit la durée et pas de
limite pour les peines perpétuelles. Elle n'admettait,
après la limite fixée par la Chambre, que des adoucissements, comme des visites de personnes honorables
et charitables du dehors (2).

Enfin en 1866 la question fut réservée pour une loi
spéciale sur l'observation d'un membre : « Il est
» étrange, disait-il, de décréter des peines dans un
» code et de prononcer en même temps la réduction
» de ces peines (3). » En conséquence on supprima
du projet les dispositions relatives à l'isolement, en

(1) Séance du 9 février 1861.
(2) Séance du 20 décembre 1862.
(3) Séance du 20 février 1866.

ne posant comme règle que l'obligation au travail.

Pendant ce temps, Ducpétiaux avait continué son œuvre et le 1ᵉʳ octobre 1860 il avait ouvert la maison pénitentiaire cellulaire de Louvain, dont le règlement établi par lui est, dit M. Stevens, « un véritable code sur la matière. » L'inauguration de cet établissement était le couronnement de l'œuvre entreprise et la loi du 4 mars 1870 venait enfin consacrer le régime cellulaire en y soumettant tous les condamnés.

3° Période. — Depuis 1870.

Depuis 1870, Ducpétiaux a eu des continuateurs, entre autres Stevens, et la Belgique a complété son système pénitentiaire. C'est le seul État qui soit arrivé à une telle unité. Il y a actuellement vingt-cinq prisons cellulaires, comprenant 4,386 cellules. Il n'y a plus que quatre prisons communes, celle des Minimes, à Bruxelles, qui doit d'ici peu être remplacée par de nouvelles constructions ajoutées à Saint-Gilles, et celles de Nivelles, Turnhout et Audenarde, qui vont bientôt être reconstruites.

En un mot, dans un temps très rapproché, la Belgique aura un système complètement organisé comprenant plus de 5,600 cellules.

CHAPITRE III

ORGANISATION DU RÉGIME BELGE

A. — LA CELLULE BELGE

1º La loi du 4 Mars 1870.

Les Belges, soumis au Code Pénal de 1810, avaient même exagéré par la suite la multiplicité des peines privatives de liberté : certaines avaient en effet été dédoublées en peines longues et peines très longues. La loi du 4 mars 1870 simplifia tout cela et unifia le mode d'exécution des peines ; dans son article unique elle dispose :

« Les condamnés aux travaux forcés, à la déten-
» tion, à la réclusion et à l'emprisonnement seront,
» pour autant que l'état des prisons le permettra,
» soumis au régime de la séparation. »

Ainsi toutes les peines étaient soumises au même régime, délits politiques ou délits de droit commun. Il n'y avait guère que quelques petites mesures insignifiantes d'ordre intérieur, dont nous nous occuperons plus tard, qui différenciaient les peines criminelles des peines correctionnelles.

La loi était obligée de tenir compte de l'état des prisons. Au 31 décembre 1869, en effet, il n'y avait que 2,700 cellules et cela ne pouvait suffire pour loger la population pénale. Cette transformation du mode d'exécution augmentait la gravité de la peine, aussi était-il juste de réduire la durée qui était toujours celle prononcée sous le régime en commun ; on avait d'ailleurs émis ce vœu lors du Congrès de Francfort de 1846. La loi règle ce point après avoir établi comme mesure générale l'emprisonnement cellulaire :

« Dans ce cas la durée des peines prononcées par » les cours et tribunaux sera réduite dans les propor- » tions suivantes :

» Des 3 douzièmes pour la première année ;

» Des 4 douzièmes pour les 2, 3, 4, et 5e années ;

» Des 5 douzièmes pour les 6, 7, 8, et 9e années ;

» Des 6 douzièmes pour les 10, 11, et 12e années ;

» Des 7 douzièmes pour les 13 et 14e années ;

» Des 8 douzièmes pour les 15 et 16e années ;

» Des 9 douzièmes pour les 17, 18, 19, et 20e » années.

» La réduction se calculera sur le nombre de jours » de la peine. Elle ne s'opérera pas sur le premier » mois de la peine ni sur les excédents de jours qui » ne donneraient pas lieu à une diminution de un » jour entier.

» La réduction sur les peines prononcées pour une

» partie de l'année se fera d'après la proportion
» établie pour l'année à laquelle cette partie appar-
» tient. »

Ainsi donc la loi de 1870 établit une échelle progressive pour la réduction des peines subies en cellule. Un an équivaut à 282 jours et vingt ans à neuf ans et 282 jours. Mais pourquoi cette réduction progressive ? Voici la réponse que l'on a donnée à cette question : le régime de la séparation a un caractère rigoureux et en même temps moralisateur ; or cette action moralisatrice et répressive se fait sentir dès le début et bien plus énergiquement que dans la suite. En conséquence, l'utilité du châtiment s'affaiblissant à mesure que la peine se prolonge, la réduction doit être d'autant plus grande que la peine est plus longue. C'est là une présomption qu'il serait peut-être bien difficile de justifier. Qui prouve en effet que la cellule a une action moralisatrice aussi rapide chez un individu que chez un autre ? Il y a des gens qui s'adaptent parfaitement à la cellule, d'autres au contraire s'y montrent rebelles et sur ceux-là elle a une plus grande force intimidante. Régulièrement, en partant de ce principe, on devrait en arriver non pas à une réduction mathématique, mais à une réduction livrée à l'appréciation de l'administration ; on tomberait ainsi dans l'application des Sentences indéterminées avec maximum fixé par le juge. De plus, la peine subie ne concorde guère avec la peine

prononcée : le juge applique le Code sans tenir compte
de la réduction. Il serait donc désirable qu'il y eût
une refonte du Code pénal, lequel édicterait alors
des peines ayant une durée fixe et certaine en rapport
avec le régime appliqué.

M. Le Jeune a déposé à la Chambre des Représentants, le 5 juillet 1889 et au Sénat le 29 janvier 1897
un projet abrogeant la loi de 1870 et remplaçant la
réduction invariable par un système tenant compte
des diverses catégories de condamnés.

L'isolement serait de cinq ans et le gouvernement
pourrait le prolonger. Grâce à la libération conditionnelle on pourrait mettre en liberté le condamné
méritant en cours de peine (1).

Voici la teneur de ce projet :

Art. 1er. — Les réductions établies par la loi du
4 mars 1870 concernant les peines subies sous le
régime de la séparation sont supprimées en tant
qu'elles ont pour effet d'abréger la durée de l'incarcération, que les condamnés aux travaux forcés, à la
détention, à la réclusion ou à l'emprisonnement correctionnel ont à subir pour purger leur peine en prison.
Elles continueront à profiter à ces condamnés pour la
supputation des délais mentionnés art. 1, 2 et 4 de
la loi du 31 mai 1888 sur la Libération conditionnelle.

(1) Chambre des Représentants. — *Annales parlementaires,*
1889, p. 233.

Sénat. — *Id.*, 1897, p. 245.

Art. 2. — Les condamnés aux travaux forcés, à la détention, à la réclusion et à l'emprisonnement correctionnel sont soumis au régime de la séparation sans toutefois que la durée de l'isolement cellulaire puisse, sauf les exceptions prévues à l'art. 3, dépasser cinq ans.

Art. 3. — Le gouvernement peut, dans des circonstances exceptionnelles dont il est juge, décider qu'un condamné ne sera pas soumis au régime de la séparation ou n'y sera soumis que pendant une partie de son incarcération. Il peut de même prolonger la séquestration cellulaire d'un condamné au delà du terme de cinq ans.

Donné à Lacken, le 2 juillet 1889.
LÉOPOLD.

Par le Roi :
Le Ministre de la Justice,
JULES LE JEUNE.

M. Le Jeune soutient que la réduction progressive répond peu aux nécessités de la répression par les motifs suivants : l'encellulement n'inflige pas à tous les condamnés une souffrance physique ou morale pouvant remplacer pour l'expiation la période dont ils sont dispensés par la loi de 1870.

La cellule prolongée, en effet, n'est plus un épouvantail ; la preuve en est que, actuellement, beaucoup

la préfèrent après le terme de dix ans. Il est également bien hasardé de prétendre que le condamné soit amendé. Bref M. Le Jeune trouve que la loi de 1870 énerve la répression et nuit à l'intimidation pénale en abrégeant la captivité. Mieux vaut la libération conditionnelle organisée le 31 mai 1888; elle tient compte de l'amendement et conduit logiquement à l'abrogation de la loi de 1870. Il est injuste de faire profiter de la réduction un délinquant mauvais qui se sera parfaitement adapté au régime cellulaire et de priver de cette même réduction l'individu qui aura été obligé, à cause de sa santé débile, de subir sa peine en commun. Il faut donc maintenir la réduction seulement en faveur des condamnés méritants. Le projet donne comme durée de l'incarcération celle prononcée par le juge. Elle peut même dépasser dix ans comme peine temporaire. Il fallait donc limiter la période cellulaire et admettre un transfert en commun, cette période écoulée. La loi n'a qu'à décréter l'application du régime cellulaire, c'est au gouvernement à en régler les détails; telle était d'ailleurs l'opinion de la commission du gouvernement établie en 1848 pour la révision du Code pénal :
« Le Gouvernement, chargé de l'exécution de la
» sentence, décide seul si le condamné sera ou non·
» soumis au régime de la séparation. Il a à cet égard
» pleine latitude; il peut interrompre ou suspendre
» à son gré l'application du régime. Il n'est pas tenu

» de déférer aux vœux du condamné; il se décide
» suivant les exigences des cas qui peuvent se pré-
» senter ou d'après les circonstances (1). »

Il faut organiser un système auquel seront soumis
des hommes différents; les rigueurs doivent s'aggraver
ou se modérer suivant les condamnés: c'est à l'administration d'apprécier. D'après le projet, cinq ans
étaient une limite suffisante à l'internement cellulaire.
L'administration était libre pour le surplus de faire
à son gré; elle pouvait classer les condamnés par
catégories.

Lors de la discussion, on fit remarquer qu'une
limite de cinq ans était inutile puisque l'administration
a le pouvoir de mettre un terme à la peine si elle juge
le détenu amendé (Libération conditionnelle) ou incapable de rester en cellule (transfert en commun). Bref,
le projet n'a pas abouti.

Dans un paragraphe final, la loi de 1870 ajoute que
« les condamnés aux travaux forcés et les condamnés
» à la détention perpétuelle ne pourront être contraints
» à subir le régime de la séparation que pendant les
» dix premières années de leur captivité. »

Donc les condamnés à des peines perpétuelles ne
peuvent être maintenus en cellule plus de dix ans.
Toutefois le droit leur est laissé après ce laps de temps
d'opter pour la continuation de ce régime ou pour le

____

(1) *Annales Parlementaires*, 1860-1861, p. 328.

régime auburnien appliqué à Gand. Beaucoup préfèrent rester dans le statu quo, mais il y a à cela plusieurs motifs que donnent les détenus eux-mêmes. Pour les uns la cellule offre plus de tranquillité, pour les autres les faveurs et surtout les grâces y sont plus abondantes. En tous cas la statistique accuse les résultats suivants : de 1870 à 1898 inclusivement 132 condamnés, dont trois femmes, ont été appelés à l'option ; 95 parmi lesquels les trois femmes ont opté pour la cellule, 37 pour le régime commun. Ultérieurement, six condamnés transférés en commun ont demandé leur réintégration en cellule, trois condamnés maintenus en cellule ont demandé leur envoi en commun. Donc définitivement il y a 98 options pour la cellule, c'est-à-dire 74 pour cent et 34 pour le régime commun ou 26 pour cent.

Enfin il est à remarquer que la loi de 1870 ne s'applique pas quand le condamné est jugé incapable de supporter l'isolement, en raison de son délabrement physique ou mental. Il est alors mis en commun, et cela malgré l'opposition qu'il pourrait former.

2° Administration et personnel.

Je laisse de côté pour l'instant les détails relatifs à l'aménagement intérieur d'une prison. Nous aurons l'occasion d'y revenir quand nous nous occuperons des établissements types.

En Belgique, toutes les prisons appartiennent à l'Etat. Ce pays a donc abrogé le décret de 1811, auquel nous sommes encore soumis, qui transférait la propriété des prisons aux départements. Cette abrogation est une mesure très louable, car il n'y a pas comme chez nous des tiraillements sans cesse renouvelés entre l'administration locale et le pouvoir central, relatifs à la transformation ou à la reconstruction des établissements pénitentiaires.

A la tête du service pénitentiaire Belge est un directeur général, sous l'autorité immédiate du ministre de la justice. Cette centralisation assure l'uniformité de répression, car tous les règlements sont élaborés par le pouvoir central et appliqués dans toutes les prisons du royaume sans exception. Les abus sont en outre constatés plus facilement et la gestion économique se trouve mieux faite. L'administration centrale comprend en outre trois inspecteurs des prisons. Le premier a dans ses attributions la comptabilité; le second les travaux d'amélioration et d'entretien des constructions; le troisième a dans son ressort tous les autres services. Chaque inspecteur doit faire des rapports à l'administration centrale sur les abus qu'il a constatés, sur les améliorations qu'il juge utiles, mais il ne peut donner d'ordres, à moins qu'il y ait un abus grave et flagrant et en ce cas l'ordre doit être donné par écrit.

Auprès de chaque prison se trouve une Commission

administrative qui doit surveiller la marche régulière ·
du service (sauf ce qui concerne la comptabilité), et
l'emploi que le directeur fait de son autorité : c'est
pour le détenu une garantie contre l'arbitraire. Les
commissions administratives ont encore le pouvoir
de prendre certaines décisions, comme l'admission de
visiteurs auprès des détenus, l'admission à la pistole
ou régime de faveur, la remise aux détenus de livres
pris en dehors de la bibliothèque de la prison,
l'établissement de la liste des détenus méritant la
clémence royale ; elles reçoivent aussi les réclamations
des détenus. Toutefois ces attributions ne sont pas
bien définies ; c'est sur ce point que M. Le Jeune
attire l'attention du ministre de la justice le 23 mars
1897 au Sénat (1). Il est nécessaire qu'elles n'aient,
selon M. Le Jeune, ni pouvoir propre ni autorité
hiérarchique dans un service aussi important que le
service pénitentiaire. Le ministre de la justice seul
doit être responsable et les attributions des commissions administratives ne peuvent être que consulta-
tives. Le régime pénitentiaire doit favoriser la lecture
des livres moralisateurs et instructifs, occuper le
prisonnier à un travail continu et utile ; c'est à la
commission administrative d'exercer son contrôle.
Or, M. Le Jeune trouve abusif qu'elle ait pris sur

(1) *Annales Parlementaires*, mars 1897, p. 216.

elle de décréter le nombre de volumes que chaque détenu peut avoir à la fois.

La composition de ces commissions varie suivant l'importance des établissements. Il y a trois, six ou neuf membres, notables, professeurs d'université, etc., nommés par le roi et dont les fonctions sont gratuites et en outre le Procureur du roi de l'arrondissement et le bourgmestre de la ville, membres de droit. Les membres sont renouvelés par tiers tous les deux ans; les réunions ont lieu tous les quinze jours.

Le personnel d'une prison comprend en général un directeur, un comptable, un aumônier, un médecin, des surveillants et des surveillantes ou des sœurs dans les établissements qui reçoivent des femmes. Dans les prisons importantes il y a en outre un ou plusieurs directeurs-adjoints, un ou plusieurs instituteurs, un magasinier, un pharmacien, des commis pour les écritures.

Directeur. — Du directeur dépendent les résultats du système pénitentiaire. Il lui faut de l'activité, de l'intelligence, du dévouement. Il ne saurait donc être improvisé; il lui faut au contraire pour remplir ses délicates fonctions une longue préparation, une connaissance approfondie de la théorie pénitentiaire et des rouages du service au point de vue disciplinaire, économique et industriel. Enfin, pour reprendre l'expression du directeur de la prison de Sing-Sing près New-York, au Congrès de Cincinnati en 1870 :

« Le véritable officier de prison doit être ferme
» comme un roc, fort comme un lion et cependant
» avoir au cœur toutes les tendresses et toutes les
» compassions, de sorte qu'il puisse se montrer tour
» à tour impassible et glacé comme le Mont Blanc et
» pleurer comme un femme. » Autrefois le directeur
était choisi dans les officiers retraités qui n'avaient
pas la moindre notion de leur mission. Maintenant
au contraire les directeurs sont choisis parmi les
membres du personnel administratif (comptables et
commis de première classe, comptant au moins dix
années de service dans les prisons). Ils passent un
examen et, une fois nommés par arrêté royal, font
un stage de un an au moins comme directeurs-adjoints
ou directeurs de petites prisons. Le directeur est
responsable de la sécurité de la maison pénitentiaire
et de l'exécution des règlements; le directeur-adjoint
a la police et le contrôle des différents services, et
enfin tous deux doivent faire des visites aux détenus.

Les aumôniers sont nommés par l'autorité ecclé-
siastique après accord avec l'administration pénitentiaire, les instituteurs, médecins et pharmaciens sur
la production d'un diplôme de capacité.

Gardiens. — Les gardiens sont recrutés parmi les
candidats connaissant un métier exercé dans la prison
et pouvant être enseigné avec utilité aux détenus.
Exception est faite pour les anciens sous-officiers. La
nomination et l'avancement sont subordonnés à des

examens. Les gardiens veillent à l'exécution des règlements et instructions ; ils doivent traiter les détenus avec humanité et justice et consigner leurs observations dans un rapport. Ils visitent les prisonniers et doivent passer dans les cellules la plus grande partie de leur temps. Ils portent l'uniforme et le sabre, mais dans l'intérieur de la prison le sabre est remplacé par le revolver et le casse-tête.

Il n'y a pas en Belgique d'école de gardiens proprement dite, malgré les efforts faits par M. Stevens. Le recrutement est difficile, d'après lui, aussi est-on souvent obligé dès 1865 d'accepter des gens ne remplissant pas toutes les conditions désirables. Dès 1867 il organise pour y remédier des cours du soir pour les surveillants à la prison de Louvain, mais l'inconvénient subsistait : les gardiens exerçaient effectivement leur service sans en connaître les charges, ce qui occasionnait des embarras. Le 17 août 1871 M. Stevens se plaint de cet état de choses dans son rapport d'inspection à l'Administration (1) : « A Gand » comme dans la plupart des prisons, les gardiens » sont peu au courant de leur devoirs ; c'est qu'ils » entrent en fonctions sans passer préalablement par » une école préparatoire et qu'une fois admis on ne » s'occupe guère de leur éducation théorique et morale. » A Louvain, une école pour les gardiens a été établie il

(1) *Revue Pénitentiaire*, 1892, p. 568.

» y a quelques années ; elle n'a cessé de rendre les meil-
» leurs services. Semblable école existait à Gand en
» 1834 ; elle comptait trente élèves et marchait très
» bien. Je n'ai pu découvrir les causes qui ont motivé
» l'abandon de cette sage institution. »

M. Stevens voulait donc une école spéciale, où les agents nommés nouvellement feraient un stage et seraient nommés à titre définitif après un examen satisfaisant. Son institution des cours du soir réussissait cependant et prospérait, mais cela ne lui suffisait pas. Le 1er janvier 1890, il établit même les bases d'une école de gardiens et présente ce rapport à l'Administration. Les élèves seraient nommés surveillants provisoires de troisième classe et seraient assimilés quant au traitement, à l'uniforme et à la discipline aux surveillants en service. Ils suivraient des cours et seraient formés spécialement pour leur mission par des exercices pratiques, cela pendant six mois.

Cependant, il n'eut pas gain de cause, mais il fut créé dans les trois prisons de Louvain, Gand et Saint-Gilles une brigade spéciale de cinq aides-surveillants qui rend, dans une certaine mesure, les services que l'on attend d'une école de gardiens. Après un stage de six mois, après lequel ils sont initiés à tous les détails du service, ils sont nommés surveillants de troisième classe au fur et à mesure des vacances. Ils remplisssent pendant leur stage le rôle de suppléants s'il y a des gardiens absents ou malades dans les autres prisons. Ils ont un traitement de trois francs par jour. Toutefois le mal signalé par M. Stevens subsiste : ils sont employés comme gardiens effectifs.

A la séance du 5 avril 1900 (1), lors de la discussion du budget on s'est occupé des gardiens de prison et on a voulu leur faire une situation pécuniaire plus favorable. M. Janson s'exprime ainsi : « La rémuné- » ration des gardiens de prison qui ont des devoirs » nombreux et doivent présenter des garanties spé- » ciales n'est pas proportionnée à ce qu'on exige » d'eux. Ils sont astreints à un travail supérieur à » celui qu'il est raisonnable de demander à de modestes » employés de ce genre. Du 1ᵉʳ avril au 15 septembre, » ils sont obligés de remplir leurs fonctions de cinq » heures du matin, à sept heures du soir, un jour » sur deux ils ont un service de nuit et sont obligés » en ce cas d'être à la prison à partir de neuf heures » du soir ; ils y passent la nuit. Ils n'ont qu'un congé » tous les dix jours et encore la veille de ce congé » ont-ils un service de nuit. Enfin on ne leur accorde » que cinq jours de vacances par an. »

M. Van den Heuvel, ministre de la justice, répond que leur sort n'est cependant pas tant à plaindre, surtout depuis 1896, époque à laquelle on a élevé leur traitement.

(1) *Annales Parlementaires*, 1900, p. 372 (Chambre des Représentants.

Le Gouvernement peut les relever de leurs fonctions s'il le juge à propos. A l'âge de soixante-sept ans, ils sont comme les autres fonctionnaires pénitentiaires mis d'office à la retraite et s'ils ne réunissent pas les conditions requises pour être admis à toucher une pension, ils sont placés en disponibilité avec un traitement d'attente équivalent au taux de la pension éventuelle. Enfin, nul ne peut être admis à entrer au nombre des fonctionnaires des prisons au-dessus de trente-sept ans. Pour faire valoir ses droits à la retraite il faut avoir soixante-cinq ans d'âge et trente ans de service. Le taux en est fixé à raison pour chaque année de service de un soixantième de la moyenne du traitement et des émoluments dont le surveillant a joui pendant les cinq dernières années.

La surveillance des quartiers de femmes est confiée à des religieuses au traitement annuel de huit cents francs.

3° Le détenu. — Traitement auquel il est soumis.

a) Son entrée. — Le condamné à son entrée au pénitencier est mené au greffe où l'on prend son signalement et où il est inscrit sur le registre d'écrou. On mentionne également quelle est sa religion ; puis procède aux formalités de fouille et on met en dépôt l'argent, les bijoux ou autres objets qu'il a sur lui. Si le condamné le préfère, ces objets sont vendus

à son profit ou renvoyés à sa famille. On passe ensuite
aux soins de propreté. Il est conduit au bain, on lui
taille les cheveux et on lui rase la barbe et les mous-
taches s'il doit rester en prison plus d'un an, sauf le
cas d'autorisation spéciale. C'est ensuite que le
médecin l'examine minutieusement : il s'enquiert de
l'hérédité de l'individu et note soigneusement son
état de santé, son poids. Si le détenu paraît quelque
peu déséquilibré, il est mis en observation et passe
l'examen d'un médecin aliéniste, lequel est créé
depuis 1891, après les critiques qui furent faites
contre la cellule et le projet de la réduire à cinq ans
(1). Le directeur de l'établissement ou de l'administration centrale signale au spécialiste le condamné
en cours de peine qui inspire des inquiétudes sur son
état mental (si c'est un prévenu la réquisition est
faite par le juge d'instruction). Le médecin fait son
rapport et ordonne, s'il y a nécessité, le transfert
dans un asile d'aliénés (Tournai pour les hommes et
Mons pour les femmes). S'il juge que la détention
peut continuer sans préjudice pour l'état mental et
pour l'ordre, il ordonne quel traitement il faut suivre,
quelles mesures doivent être prises. C'est encore le
médecin qui doit décider, après quelque temps d'encellulement, si on doit transférer à Gand le condamné

(1) Il y a en Belgique trois médecins aliénistes attachés aux
établissements pénitentiaires.

qui paraît mal supporter le régime de la séparation.

L'instituteur, de son côté, examine quel est le degré d'instruction du détenu ; puis le directeur lui indique les règles auxquelles il doit se soumettre et lui fait comprendre qu'il aura tout intérêt à se montrer méritant.

On le met en cellule et un gardien lui fait constater quels sont les objets qui sont mis à sa disposition et la manière dont il doit s'en servir. A partir de ce moment le détenu n'a plus de nom ; il n'est plus connu que par son numéro. Les premiers jours on le laisse réfléchir et on l'étudie ; il ne tarde pas, pour vaincre l'ennui, à demander du travail.

Le détenu doit obéir sans observations ni murmures et montrer le plus grand respect à ses gardiens, ne jamais communiquer avec ses codétenus, travailler, mettre le capuchon qu'il a dans son trousseau et porter à sa boutonnière son numéro dès qu'il sort dans les couloirs, enfin observer une rigoureuse propreté.

En Belgique le détenu jouit d'une faveur rare. Il peut, sans l'autorisation du directeur, écrire au Roi ou aux ministres pour demander une faveur, ou à la Commission administrative pour faire des réclamations. Il met lui-même sa lettre dans une boîte placée près des préaux, et un membre de la Commission, qui seul en a la clef, se charge de faire parvenir cette missive.

Le condamné touche un trousseau complet. En ce qui concerne le coucher, la circulaire des 9 décembre 1869 et 4 octobre 1870 lui attribue deux toiles à matelas, deux toiles à traversin, deux couvertures de laine, trois paires de draps de lit. Le tout, marqué du numéro de la cellule, doit durer huit ans, et a une valeur de cinquante-trois francs. Pour le vêtement le trousseau doit durer quatre ans, et comprend partout, sauf quelques petites différences de chiffres pour les maisons secondaires : une veste et un pantalon d'hiver en laine, deux vestes et deux pantalons d'été en toile, deux camisoles et deux caleçons de dimitte, cinq chemises, trois cravates, trois mouchoirs, quatre tabliers de toile, trois paires de chaussettes de laine, une paire de sabots, une paire de babouches de cuir, un béret de laine, deux capuchons, trois essuie-mains.

Les femmes ont trois chemises, deux capuchons, une paire de sabots et de chaussons, deux mouchoirs, deux tabliers, deux fichus de cou, trois paires de bas de laine, deux jupons, une jaquette d'étoffe. Les femmes condamnées à des peines criminelles doivent porter le costume pénal ; les autres peuvent, avec autorisation, conserver leurs vêtements.

La journée du détenu est bien employée; en voici la distribution : sommeil, huit heures ; nettoyage et toilette, trois-quarts d'heure ; repas, lecture, repos deux heures ; promenade, une heure ; travail, onze heures et quart. Le dimanche est la journée la plus triste pour le condamné ; le travail toutefois est facultatif ; il a aussi le droit de lire et d'étudier.

b) Éléments de moralisation : Visites, Instruction. — Le condamné n'est pas livré à lui-même. Tous les employés de la maison doivent le visiter. C'est une façon de tempérer l'isolement et de faire pénétrer quelques bonnes résolutions chez cet homme perverti par les mauvaises fréquentations ; on lui fera comprendre la gravité de sa faute et on arrivera à lui faciliter sa réhabilitation. C'est encore le moyen de fortifier les bonnes dispositions qui ont pu subsister chez les condamnés, de réveiller en eux l'idée de la famille : on peut modifier ainsi peu à peu leur nature, faire passer sur ces cœurs vicieux un souffle vivifiant qui les rende au bien ; c'est en touchant le cœur de ces natures rebelles qu'on arrive le plus souvent à les amender. La sévérité excessive en général porte de mauvais fruits ; la charité et la bienveillance font tomber bien des obstacles.

Chaque gardien a environ trente détenus avec lesquels il doit partager son temps ; viennent ensuite les aumôniers, le directeur, l'instituteur, le médecin et un règlement fixe le nombre de visites que doit faire chaque fonctionnaire de la maison. Ainsi, à Louvain, le directeur doit faire environ vingt-cinq visites par jour, l'aumônier cinquante, l'instituteur vingt-cinq, le gardien-chef vingt-cinq. Pour Ducpétiaux, les visites sont l'âme du régime cellulaire.

Par ce qu'un homme a mérité la prison, il ne faut cependant pas le priver complètement de la vue de sa famille ; il faut au contraire maintenir ces liens étroits et on arrivera peut-être à des résultats plus satisfaisants que si on usait d'une extrême rigueur. Le directeur de Louvain me montrait un de ses pensionnaires qui était plein de bonnes résolutions, qui reniait les idées qui l'avaient perdu, et cela grâce à son amour pour sa mère qui, par ses larmes, l'avait vaincu. Les visites de la mère avaient donc eu une utilité incontestable puisqu'elles avaient opéré ce changement chez le fils. Ces visites de la famille ont lieu dans un parloir cellulaire, dont nous verrons la description ultérieurement. Elles sont plus ou moins fréquentes, selon la gravité de la peine : pour le forçat toutes les six semaines, pour le réclusionnaire tous les mois, pour le correctionnel tous les quinze jours.

On entretient aussi les relations avec la famille en autorisant la correspondance ; les lettres reçues ou envoyées doivent toutefois être visées par le directeur. Leur nombre est égal à celui des visites, sauf pour les forçats, qui ne peuvent correspondre que tous les deux mois.

Les visites du médecin sont également importantes : il donne aux condamnés des préceptes d'hygiène et il est en même temps au courant de leur santé. Il peut, s'il le juge utile, et après en avoir fait part à l'administration, donner le régime des malades à celui qui se trouve indisposé ; il peut, de même, ordonner le transfert à l'infirmerie.

La grande œuvre de moralisation a encore pour agents les aumôniers et les instituteurs. Les ministres de chaque culte donnent à leurs coreligionnaires l'instruction religieuse, qui est organisée avec soin comme les exercices du culte. Tous les dimanches et jours de fête une messe et un salut sont célébrés et un sermon prononcé ; les condamnés peuvent être dispensés d'assister aux offices. Dans ses visites, l'aumônier étudie le caractère du détenu et consigne ses observations qui, ajoutées à celles des autres fonctionnaires servent pour le classement. Les détenus ont le droit de refuser ces visites, et une pancarte placée sur la porte de la cellule indique la confession religieuse de chacun.

Dans les prisons où il y a environ cinquante détenus, il y a un ou plusieurs instituteurs attachés spécialement au service de l'établissement. Tous les condamnés à six mois et plus, qui n'ont pas atteint l'âge de quarante ans, fréquentent obligatoirement l'école (1) : il en est de même des jeunes délinquants, sans exception. L'école est facultative pour les autres détenus. Les cours sont faits à la chapelle ou dans un local spécial et toujours les détenus sont soumis

(1) Arrêté du 19 septembre 1843.

au régime de la séparation. L'instituteur fait de temps en temps des conférences morales où il parle des devoirs sociaux et les sujets traités sont choisis avec soin, après avis du directeur, du médecin, de l'aumônier; ces conférences durent quinze à vingt minutes au commencement ou à la fin de chaque leçon. On montre au condamné quelles sont les conséquences des vices répandus dans la société, et dans une leçon suivante, on fait ressortir les avantages matériels et moraux de la vertu qui s'oppose à ce vice. En un mot, on s'efforce de donner au détenu l'amour du bien, l'amour du travail, l'horreur de toutes les infractions, l'amour de la famille.

Les prisons, en général, contiennent beaucoup d'illettrés; ce n'est pas à dire que l'ignorance et le crime sont en rapport constant, mais il est cependant à observer que beaucoup de criminels se trouvent illettrés; l'instituteur a donc le noble devoir de les instruire et de les moraliser. Je ne crois pas que quelques leçons par semaine suffisent pour atteindre ce but, étant donné en outre ce fait que le prisonnier ne peut interroger l'instituteur; il n'assiste qu'à une simple correction faite au tableau des devoirs donnés précédemment et à une indication de ceux à faire pour la classe suivante. Ce n'est guère qu'en cellule, lors de la visite de l'instituteur, qu'une explication est possible; mais alors tous n'en profitent pas. En tous cas, l'école a toujours un résultat : elle est

une distraction pour le prisonnier qu'elle arrache à
la monotonie de la cellule et elle secoue la torpeur de
l'esprit (1).

L'instituteur enseigne les éléments de la morale,
de la lecture, écriture, arithmétique, grammaire,
histoire et géographie. Dans toutes les écoles, il y a
la section française et la section flamande, et dans
chacune il y a plusieurs classes suivant le degré
d'instruction. Pour se rendre compte des progrès
réalisés par le détenu, on lui fait subir à son entrée
un examen. Il fait de même à sa sortie une page
d'écriture, où il consigne au besoin ses observations.
Enfin, les écoles des prisons sont soumises à la loi du
23 septembre 1842, relativement aux visites des
inspecteurs cantonaux et provinciaux.

Dans les prisons où il n'y a pas d'école on fait des
lectures et des conférences morales.

La Belgique, s'il faut en croire la statistique,
obtient de bons résultats scolaires. J'avoue, d'ailleurs,
que l'on m'a présenté à Louvain un condamné qui,
entré absolument illettré, avait acquis des connaissances assez approfondies, notamment en mathéma-
tiques. Au 31 décembre 1898, 1,644 détenus fréquen-
taient les écoles des prisons. 404 étaient illettrés, 102

______

(1) J'ai assisté à une classe à Fresnes et j'ai constaté qu'il y
avait plus de facilités données au détenu pour avoir des explications du maître pendant la classe.

seulement sont restés dans cet état, c'est-à-dire
25 0/0; 1,157 avaient une instruction primaire tout à
fait imparfaite; sur ce nombre 1,063, c'est-à-dire
92 0/0, ont fait des progrès sérieux. Enfin 83 avaient
une instruction supérieure.

Dans les prisons, l'instituteur a aussi la garde et
l'entretien de la bibliothèque, et toutes les semaines
il distribue des livres aux détenus (1). Il doit même
les guider dans leurs lectures. Les bibliothèques contiennent autant que possible des ouvrages instructifs
et amusants, mais moraux dont le choix est fait par
l'administration centrale sur la proposition du directeur, qui a pris l'avis de l'instituteur, de l'aumônier,
du médecin. J'ai remarqué que les livres les plus
demandés sont les relations de voyage. Chaque
volume distribué est inscrit, et lors de sa remise on
se rend compte de son état. Les détenus peuvent
obtenir l'autorisation de se procurer des livres à leurs
frais ou d'en recevoir du dehors, mais cela avec
l'appréciation de la Commission administrative sous
le contrôle de l'administration supérieure.

Enfin dans chaque cellule se trouve un tableau
renouvelé périodiquement qui contient un certain
nombre de sentences ou maximes morales.

Dans toutes les prisons belges on emploie pour

(1) Dans les petites prisons, où il n'y a pas d'instituteur, ce
service est fait par le commis préposé au greffe.

constater les résultats de l'internement au point de
vue de la moralisation ce que l'on appelle le « Compte
moral.» On en trouve des traces dans le règlement
élaboré par Vilain XIIII en 1772 pour la prison de
Gand; puis l'arrêté organique du 4 novembre 1821,
article 48, ordonne la tenue de deux listes de conduite;
enfin la circulaire du 12 septembre 1831 l'organise
tel qu'il est maintenant (1). C'est un bulletin sur
lequel on inscrit à l'entrée de chaque détenu, qui a
plus de trois mois d'emprisonnement à subir, son
état civil, sa profession, ses moyens d'existence, son
degré d'instruction, sa religion, ses antécédents. On
y consigne en outre les indications relatives au procès
et à la condamnation. Tous ces renseignements sont
adressés dans la huitaine du jugement au directeur
de la prison par le parquet poursuivant qui les a
centralisés avec le concours des autorités locales. C'est
une façon de voir si le détenu mérite la bienveillance
ou la sévérité.

Le directeur mentionne sur ce « compte » les
indications dont nous avons déjà parlé plus haut,
c'est-à-dire le poids, l'état physique et moral et y ajoute
la page d'écriture exigée du condamné à son entrée.
Pendant l'internement on mentionne sur le bulletin
les notes sur la conduite et la moralité, les récom-

(1) Ce compte moral existait dans toutes les maisons centrales;
il ne fut mis en vigueur dans les maisons secondaires qu'à partir
de 1874.

penses obtenues, les punitions prononcées. Les notes sont données tous les mois après discussion sérieuse entre les divers fonctionnaires de la prison, qui centralisent dans la réunion mensuelle leurs observations sur chaque détenu. C'est très important car ces notes servent au classement moral et donnent des indications pour l'application de la libération conditionnelle ou de la grâce. Enfin, à la sortie de prison le compte moral est complété par les observations sur l'état physique, intellectuel et moral du condamné.

c) Régime alimentaire. — Cantine. — Le régime alimentaire a une grande importance dans les prisons cellulaires. L'emprisonnement individuel exerce sans nul doute une action débilitante qui nécessite une nourriture substantielle. C'est surtout au début que se font sentir les effets de la cellule sur le tempérament : le détenu maigrit, devient pâle, s'anémie, surtout si le découragement survient. Il faut donc contrebalancer cette influence par un régime suffisamment nutritif.

L'administration commença à se rendre compte de l'utilité d'un bon régime alimentaire en 1846, époque à laquelle elle établit un règlement. Elle le modifia en 1860 pour la prison de Louvain, dont le régime fut meilleur. Enfin, actuellement on applique le règlement du 21 septembre 1893 ; Gand est soumis au même régime que Louvain, ce qui double la ration de viande, et dans toutes les prisons secondaires il y a uniformité.

Dans les prisons centrales chaque détenu reçoit par jour :

Le matin 600 grammes de pain de froment non bluté et une boisson chaude (eau, chicorée en poudre et lait).

A midi, les lundi, mercredi et samedi une soupe à la viande de vache (200 grammes de viande); le jeudi une soupe à la viande de porc (8 grammes de lard, 200 grammes de pommes de terre, 150 grammes de haricots); les mardi et vendredi une soupe aux pois (250 grammes de pois secs, 100 grammes de légumes); le dimanche une soupe aux légumes (200 grammes de pommes de terre, 100 grammes de riz, 100 grammes de légumes).

Le soir, un potage aux pommes de terre (750 grammes de pommes de terre) et le dimanche un potage aux légumes secs (250 grammes de haricots).

Dans les prisons secondaires, chaque détenu reçoit :

Le matin 600 grammes de pain de froment non bluté (les femmes 500 grammes).

A midi, les lundi, mercredi, jeudi et samedi une soupe à la viande (100 grammes de viande de vache); les mardi et vendredi une soupe aux pois (200 grammes de pois secs); le dimanche une soupe aux légumes (100 grammes de légumes, 200 grammes de pommes de terre, 7 grammes de riz).

Le soir un potage aux pommes de terre (750 grammes).

Le médecin peut accorder une ration supplémentaire de pain aux détenus pour lesquels la ration ordinaire est insuffisante; il peut en outre remplacer le pain de froment non bluté par du pain de froment bluté si le détenu ne peut s'accoutumer au premier. Enfin, les malades ont un régime spécial consistant en pain blanc, bouillon, œufs, lait, fruits, bière, etc., suivant l'ordre du médecin. Le malade admis à l'infirmerie ne peut recevoir la ration entière du régime ordinaire pendant plus de dix jours à moins d'autorisation spéciale de l'inspecteur général du service de santé, délivrée sur demande motivée du médecin.

La distribution des aliments est faite le matin après le lever, à midi et à cinq heures et demie du soir. Un détenu, couvert de la cagoule, ou capuchon, et conduit par un gardien, traine un récipient sur un petit chariot. Arrivé près de la porte des cellules, le détenu se range contre le mur; le gardien ouvre un guichet par lequel le prisonnier, placé de côté pour ne pas être aperçu de son codétenu, passe sa gamelle d'étain. On la lui remplit et le service se continue de la sorte.

La nourriture étant suffisante, la cantine n'a guère d'importance. Tandis qu'en France la cantine est un appât au travail, en ce sens qu'elle est un complément nécessaire pour le prisonnier qui ne reçoit comme aliments que le strict nécessaire, en Belgique au contraire elle est plutôt une faveur, un supplément. Aussi est-elle moins bien fournie qu'en France. Le détenu peut s'y procurer du pain blanc, du beurre, du vinaigre, du saindoux, etc...; son usage est limité dans les maisons centrales à trois fois par semaine pour les condamnés à l'emprisonnement correctionnel, deux fois pour les réclusionnaires, une fois pour les forçats; il est quotidien dans les maisons secondaires. Les quantités à distribuer sont laissées à la prudence du directeur; la dépense journalière autorisée n'est pas réglementairement fixée, mais elle ne peut toutefois dépasser le pécule disponible. Un tarif est affiché dans chaque cellule.

Tous les détenus ne peuvent user de la cantine : elle est interdite à ceux qui ont moins de trois mois d'emprisonnement pour délits de droit commun; les récidivistes ne peuvent non plus s'y approvisionner s'ils n'ont pas à subir un an et un jour au moins de détention effective, et s'ils sont sortis de prison depuis moins de trois ans.

Dans les maisons centrales, par exemple à Gand, les achats effectués à la cantine sont inscrits sur un livret portant les noms et prénoms du condamné, son numéro d'ordre, son numéro d'écrou et son numéro de quartier. En voici d'ailleurs ci-après un modèle qui m'a été gracieusement offert par M. Lambert, directeur-adjoint à Gand.

d) Promenades. — Le détenu trouve dans la promenade un exercice agréable ; il va au préau une heure

DATES	PAIN Bluté.	PAIN Non bluté.	PAIN Fourrés.	Sel.	Beurre.	Saindoux.	Vinaigre.	Bière.	Jus de réglisse.	Savon noir.	Papier à lettres.	Enveloppes.	Timbres de 5 cent.	Timbres de 10 cent.	TABAC à fumer.	TABAC à priser.	TABAC à cigarettes.	Papier à cigarettes.	Pipe.	Lunettes ordinair.	Lunettes spéciales.	Bourse à sel.	Boîte à savon.	Boîte à beurre.	Camisoles.	TOTAL de la dépense	RECETTE
	05	07	06	01	12	03	01	06	14	01	04	01	05	10	15	10	20	15	05	2	»		07	10	10	3.95	

par jour et le service est organisé de telle façon que cette heure ne soit pas toujours la même afin qu'il puisse jouir à son tour d'un rayon de soleil l'hiver et d'une ombre bienfaisante l'été. Lorsque le signal du départ pour le préau est donné, les gardiens ouvrent les portes de la section qui doit faire la promenade. Chaque détenu couvre sa tête de la cagoule, met à sa boutonnière le numéro de sa cellule et doit se diriger vers le préau. Tous se suivent à six pas en présence des gardiens, sans pouvoir se retourner et en tenant leurs sabots à la main. Le retour s'opère de même. Les préaux donnent sur une cour placée au bout du quartier cellulaire et sont construits en éventail de sorte qu'un seul gardien peut les surveiller facilement. Chaque condamné y est enfermé et peut relever son capuchon, se promener et fumer ; il peut aussi s'occuper à jardiner, mais en général il se contente de la promenade.

e) Récompenses et punitions. — Le directeur a en mains les moyens de reconnaître le zèle des condamnés et de punir leurs infractions à la discipline.

La bonne conduite ne saurait être un titre à une récompense, puisqu'elle est la régle imposée ; mais il est bon de prodiguer les encouragements à ceux qui montrent de l'application à l'école et qui font preuve d'ardeur au travail. C'est peut-être un moyen de faire régner l'hypocrisie ; mais c'est à l'administration de faire une distribution intelligente des récompenses et de ne les prodiguer qu'à ceux qui en sont vraiment dignes. Les récompenses consistent dans l'admission à des emplois de confiance, au service domestique, à certains travaux exceptionnels, l'extension des visites et de la correspondance, l'octroi de certaines distractions et de certains adoucissements, dons de livres, d'estampes, d'outils, etc..., et enfin l'autorisation d'user du tabac tout au moins au préau.

Il ne faut pas oublier non plus que de la bonne conduite dépendent aussi en partie les propositions de grâce et de libération conditionnelle.

S'il est juste de faire espérer au détenu qui se conduit bien des adoucissements, il n'est pas moins équitable de menacer d'une punition celui qui se révolte contre la discipline. Autrefois les peines étaient le bâton, le fouet, les chaînes et l'internement dans un cachot dont le plancher était à arrêtes vives, mais ces cruautés, qui ne réussissaient qu'à exaspérer le détenu, ont été abolies.

Le directeur qui a reçu une plainte écrite de ses agents exerce le pouvoir disciplinaire et prononce la peine après avoir entendu le détenu en ses explications : toutefois aucun débat contradictoire n'a lieu entre ce dernier et le gardien. Pour une première infraction ou une infraction légère on a recours à l'avertissement simple ; puis viennent la privation de travail, de lecture, de visites, de correspondance, de promenade, de cantine, ou le retrait des récompenses accordées, comme celle du tabac par exemple ; la mise au pain et à l'eau et, si elle excède trois jours, il y a lieu de donner au détenu le régime ordinaire un jour sur deux ; enfin la réclusion au cachot ou cellule obscure avec ou sans mise au pain et à l'eau. On emploie aussi pour les agités le lit de contrainte : c'est un lit muni de courroies où l'on étend le prisonnier et où on l'attache quelques heures. Dans les prisons centrales, lorsque la peine du cachot, avec mise au pain et à l'eau excède quatorze jours, le directeur doit prendre l'avis de la Commission administrative qui peut porter la peine à un mois. Dans les maisons secondaires cette mesure de rigueur ne peut jamais excéder neuf jours et toute punition dépassant trois jours doit-être approuvée par la commission.

Tous les mois le directeur lit aux détenus les peines prononcées en nommant le condamné par son numéro, l'infraction commise, le tarif appliqué. Enfin si le fait commis tombe sous l'application du Code pénal, le directeur rédige un procès-verbal qu'il transmet au Parquet.

f) La Pistole. — Il me reste maintenant à mentionner une institution qui n'a plus guère d'importance maintenant : je veux parler de la « Pistole ».

Les chambres de pistole avaient été créées pour les inculpés alors que les prisonniers étaient soumis au Régime Commun. Il était nécessaire en effet d'isoler ces individus dont la culpabilité n'était pas démontrée de ceux qui expiaient leur peine. Actuellement le régime cellulaire remédie à cet inconvénient ; toutefois il existe encore dans toutes les prisons des chambres de pistole : ce sont des cellules plus confortables que les autres, pourvues d'un lit avec matelas et d'une commode ou d'une armoire, et où les accusés peuvent être placés avec autorisation de la commission administrative et après avis du ministère public (1). Les pensionnaires peuvent faire venir leurs vivres du dehors. Le coût de la chambre de pistole est environ 25 centimes par jour. Le pensionnaire peut demander du travail et son salaire lui est alors acquis sauf vingt pour cent, représentant les frais de gestion.

La pistole peut aussi être accordée aux condamnés de droit commun, mais le fait est extrêmement rare. En un mot la pistole n'est guère employée maintenant que pour les inculpés et les condamnés pour des délits spéciaux, comme ceux de presse, et encore faut-il qu'ils justifient qu'ils sont dans une situation leur permettant de ne pas avoir recours à leur famille, ou que leur famille ne se trouve pas dans la gêne.

4° Organisation du travail dans les prisons belges.

a) Nécessité du travail. Objections. — Le châtiment ne doit pas être le but unique de la peine. Nous avons

(1) Règlement de 1853.

vu que pour les Belges la prison a un but plus noble
que celui du châtiment : elle tend à moraliser. Or le
travail donné comme peine est loin de remplir cet
office. Il doit au contraire être pour le condamné une
faveur, un acheminement vers la libération ; c'est ce
que l'on a compris en Belgique. Le détenu, dès son
entrée en prison, est mis en cellule ; on le laisse à ses
réflexions et on cherche à l'amener à demander lui-
même du travail. Il est bien évident que si on
n'arrive pas à ce résultat on ne le laisse cependant
pas dans l'oisiveté et au bout d'un certain temps on
lui impose une occupation ; mais ce cas se présente
rarement. C'est donc pour ainsi dire comme faveur
que le détenu obtient du travail et c'est si vrai que
l'on considère comme une punition le retrait de toute
occupation. Le travail est en effet une diversion
salutaire aux idées mauvaises, il fait perdre les habitudes vicieuses, ramène le calme, d'où cette maxime
populaire : qui travaille prie, et de cette façon il
aide à la grande œuvre de moralisation. C'est d'ailleurs
l'opinion émise par M. Cartuyvels à la séance du
24 novembre 1893 à la Chambre des Représentants (1) :
« Le travail est nécessaire aux détenus pendant la
» durée de leur détention, car là plus qu'ailleurs
» l'oisiveté sera la mère de tous les vices, et le
» travail leur est indispensable si l'on veut qu'à leur

(1) *Annales parlementaires*, 1893. p. 80.

» libération, grâce à l'habileté professionnelle acquise,
» ils puissent honorablement gagner leur vie au lieu
» de retourner de suite augmenter l'armée du
« désordre. »

Si dans la vie libre l'oisiveté conduit au vice en
effet, n'engendrera-t-elle pas à fortiori la plus effroyable
corruption dans la prison ? Enfin il faut aussi considérer le côté économique : l'Etat nourrit et loge le
prisonnier ; il lui faut en conséquence un dédomma-
gement.

En Belgique, comme partout ailleurs, on a protesté
contre le travail dans les prisons ; on a prétendu
qu'il fallait occuper le prisonnier à une tâche inutile,
si l'on ne voulait pas nuire aux ouvriers libres et
honnêtes. Or, nous avons déjà vu plus haut que la
proportion est infime et que la production pénale
n'est guère qu'un grain de sable dans l'océan de la
production nationale. D'ailleurs, qu'importe à la
population honnête l'existence d'un nouvel ouvrier ?
Ne doit-elle pas se réjouir de ce fait, au contraire ?
Elle a plus d'avantage à compter dans son sein un
nouveau membre qu'à se défendre contre un individu
dangereux.

Cette question fut traitée à la Chambre belge et
M. Le Jeune s'exprimait ainsi le 24 Novembre 1893
(1) : « Dans les prisons, chose navrante, c'est le tra-

____

(1) *Annales Parlementaires*, 1893, p. 87.

» vail libre qui vient, poussé par l'avilissement de
» certains salaires, faire concurrence au travail des
» prisons. La moitié à peu près de la main-d'œuvre
» utiliséeindustriellementdans les prisonsestemployée
» à la confection des objets d'équipement pour l'armée.
» Le département de la guerre paie 45 centimes pour
» la confection d'une veste de soldat. Un entrepre-
» neur qui ne recourt qu'au travail libre offre vingt
» neuf centimes..... On devine ce que ces rabais
» réprésentent de privations subies sous la pression
» de la misère et c'est de ces souffrances que je parle
» quand je dis que le ministre de la justice doit pro-
» céder lentement, prudemment, avec précaution à
» l'organisation méthodique du travail dans les
» prisons. »

Lors de la discussion du budget le 5 Avril 1900, le
même M. Le Jeune disait (1) : « On réclame souvent
» que le travail pénitentiaire fait du tort au travail
» libre..... Les prisonniers ne nuisent pas au travail
» libre, puisque étant libres ils prendraient part à
» la concurrence. Ce qui nuit c'est la vente des pro-
» duits du travail. Dans l'arrêté que j'ai fait signer
» au Roi en 1894, je tends à supprimer les achats et
» les ventes de fabrications. L'Etat est seul consom-
» mateur. L'administration des prisons veille,
» a-t-on dit, à ce que les prix de façon soient en

(1) *Annales parlementaires*, 1900, p. 373.

» rapport avec ceux du commerce. Elle applique la
» règle de l'article 9 de l'arrêté du 5 avril 1887 ré-
» glementant le travail des détenus. Cet article 9
» dit que les prix de façon seront calculés d'après
» ceux du commerce, moins la moins-value péniten-
» tiaire. Cette moins-value provient de la qualité
» inférieure du travail des détenus, du décompte des
» frais particuliers de l'entrepreneur qui fournit sou-
» vent les outils. Cette moins-value a donc un cara-
» tère commercial. L'arrêté de 1894 substitue la
» régie à l'entreprise; le travail libre se plaint, il a
» tort. La main-d'œuvre, dans les prisons, est de
» qualité inférieure ; le personnel qui la fournit
» change ; l'emploi en est assujetti à tous les incon-
» vénients résultant des exigences de la discipline
» des prisons. C'est ce qui explique la modicité des
» prix. »

En effet, le travail pénal est moins rétribué que le
travail libre, mais les ouvriers libres connaissent leur
métier, tandis que les ouvriers de prison ne sont
guère en général que des apprentis et ils produisent
moins et moins bien. Et enfin il faut laisser de côté
les critiques pour considérer que l'Etat a un but noble
à atteindre : c'est celui de faire du prisonnier un
homme nouveau. Or, pour arriver à le reclasser il
faut à tout prix qu'il lui donne l'habitude du travail
et ce résultat compensera largement la minime
atteinte que l'Etat pourrait éprouver par ailleurs.

b) L'organisation actuelle. — Le Code pénal, dans ses articles 25 et 26, astreint au travail les condamnés aux travaux forcés, à la réclusion et à l'emprisonnement correctionnel. Tout à fait à l'origine, en 1772, Vilain XIIII introduisit le travail dans les prisons. La production fut réglée de telle façon qu'elle ne pût nuire à l'industrie libre. L'Etat, tout en ne devant pas travailler à perte, ne devait pas avoir en vue son bénéfice, mais l'apprentissage professionnel des prisonniers. Ils devaient être employés, autant que possible, aux métiers exercés dans les localités d'où ils étaient originaires. Nous avons vu cette sage institution péricliter, puis sous la domination Française l'arrêté ministériel du 28 janvier 1801 organise le travail dans les maisons centrales. La prison de Gand fut alors livrée à un fabricant de la ville qui nourrissait et habillait les prisonniers en échange du produit de leur travail augmenté d'une allocation de vingt-cinq à trente centimes par jour et par tête. Cet entrepreneur n'était autre que Lievin Bauwens, le père de l'industrie gantoise moderne. Son intérêt était de faire confectionner le plus possible. Il demanda en conséquence que tous les ouvriers les plus capables des prisons de France lui fussent envoyés. L'établissement qui ne comptait encore alors que quatre cents places renferma seize cents prisonniers. Ils logeaient à deux dans un lit et dormaient souvent par terre ; les règles d'hygiène furent complètement négligées, des orgies indescriptibles furent tolérées, la mortalité devint effrayante. C'était donc là le résultat de l'entreprise générale, sans aucun contrôle des pouvoirs publics. Il en était malheureusement ainsi partout.

C'est à partir de 1834 que l'administration s'efforça de procurer une occupation aux prisonniers dans les maisons secondaires. Dans ce but, elle se montra disposée à abandonner aux directeurs le bénéfice qu'ils pourraient en tirer. C'était les encourager à introduire et développer le travail. Malheureusement, les directeurs eurent recours aux entrepreneurs, qui acquirent une grande autorité. Chaque prison avait un règlement différent et les retenues faites aux prisonniers étaient plus ou moins fortes suivant les établissements.

Le règlement du 14 mars 1869 vient fixer la rétribution des détenus. Ils auront, suivant la peine, trois, quatre ou cinq dixièmes sur le prix payé par l'entrepreneur. De plus le détenu ne subira pas de retenue pour ses outils, car dans les maisons secondaires la peine est souvent courte et il n'aurait pas le temps d'acquitter la valeur des instruments fournis. Aussi, à l'encontre des maisons centrales, l'entrepreneur fournit les métiers et ustensiles. Enfin le détenu qui connaît un métier peut en continuer l'exercice pour son compte, mais en subissant la retenue des cinq, six ou sept dixièmes suivant la peine, et en prenant

pour base le prix moyen de la journée de l'ouvrier
libre. Le directeur percevait sur les bénéfices réalisés
deux mille francs dans les maisons centrales et
mille francs dans les prisons secondaires, le
surplus revenant à l'Etat. D'autre part le directeur
pouvait entreprendre certaines industries pour son
compte personnel. Il en résultait des abus et le directeur perdait son prestige. Il devenait en réalité un
simple commerçant, prodiguant ses faveurs aux
prisonniers qui n'avaient souvent qu'un mérite, celui
d'être bons ouvriers.

Le ministère issu des élections de 1884 résolut de
remédier à ces inconvénients. Dans son rapport au
roi le 2 avril 1887, M. Devolder, ministre de la justice,
s'exprime ainsi (1) : « Le travail, constituant à la fois
» un élément de la peine et le plus puissant moyen
» d'amendement, l'Etat est tenu de ne rien négliger
» pour assurer le fonctionnement de cette partie
» importante de l'organisation pénitentiaire. Sans le
» travail, la cellule deviendrait un véritable instru-
» ment de torture et une cause de démoralisation. »

Le nouveau gouvernement cherche à développer
le travail en régie pour le compte des administrations
publiques. Pour éviter toute concurrence au travail
libre, il émet le vœu que les détenus soient occupés à
des industries nouvelles et étrangères. Il se confor-

(1) *Revue Pénitentiaire*, 1887, p. 467.

mait donc aux réclamations entendues lors de la
grande enquête ouvrière de 1886-1887 : Les prisonniers pourront travailler à confectionner des articles
de fantaisie, appelés articles de Paris...... Il est à
désirer que le gouvernement ne se serve du prisonnier que pour subvenir à ses besoins personnels,
équiper les soldats, faire les imprimés, etc... ou que
l'on exécute dans les prisons les travaux pour lesquels
la Belgique est tributaire de l'étranger. L'administration devait même, dit le rapport, accueillir de
préférence les offres qui lui seraient faites par des
industriels disposés à satisfaire à ce vœu. Le nouveau
règlement supprime la part de bénéfices accordée
jusqu'alors aux directeurs des prisons secondaires et
leur enlève la faculté d'entreprendre certaines industries pour leur propre compte. C'était dans le but de
rehausser leur prestige et de faciliter le recrutement
de travaux, chose plus difficile quand le public les
regardait comme des commerçants. On leur alloue,
par contre, des augmentations proportionnelles de
traitement.

Voici cet important arrêté :

Art. 1ᵉʳ. — Le travail est obligatoire pour les
condamnés criminels et correctionnels et facultatif
pour les autres détenus. Toutefois l'administration
des prisons pourra, à raison de circonstances exceptionnelles, dispenser du travail certains condamnés à

l'emprisonnement, la commission administrative et le directeur entendus en leur avis.

Art. 2. — Les détenus sont employés principalement à des travaux pour le compte de l'Etat.

Art. 3. — L'administration centrale arrêtera chaque année la liste des objets dont la fabrication sera réservée aux prisonniers par les différents départements ministériels et répartira les commandes entre les divers établissements.

Art. 4. — Dans le cas où les travaux en régie ne suffiraient pas pour occuper tous les détenus, les directeurs chercheront à utiliser les bras disponibles au profit de l'industrie libre.

Art. 5. — Les directeurs feront appel à la concurrence des entrepreneurs. A cet effet, une table indiquant les différentes industries exploitées, le nombre des détenus disponibles et les prix de main-d'œuvre, demeurera affichée à la porte de chaque établissement pénitentiaire.

Art. 6. — Les conditions des entrepreneurs seront réglées par un contrat soumis à l'approbation de la commission administrative et du ministre de la justice.

Art. 7. — Toutefois, les travaux peu importants pourront être acceptés d'urgence par les directeurs sous réserve de l'avis à transmettre sans retard à l'autorité supérieure.

Art. 8. — Tout intéressé pourra prendre connaissance du contrat d'entrepreneur en s'adressant à la commission administrative ou à l'administration centrale.

Art. 9. — Les prix de façon seront déterminés par pièce ou par journée. Ils seront calculés sur les prix moyens du commerce, diminués de la moins-value du travail pénitentiaire (1).

Art. 10. — Les directeurs, pas plus que les autres employés, ne pourront participer à l'avenir aux bénéfices sur le travail des détenus, ni employer ces derniers pour leur compte personnel.

Art. 11. — La main-d'œuvre des détenus ne sera accordée qu'à l'Etat et à des entrepreneurs ou fabricants. Il est interdit aux directeurs d'accepter les commandes directes des particuliers à l'exception des travaux de traduction, d'écritures, de dessin et d'autres semblables. Le taux des salaires à attribuer aux détenus pour ces derniers travaux sera arrêté par l'administration centrale sur la proposition de la commission administrative et du directeur.

Art. 12. — Le prix de la main-d'œuvre pénitentiaire sera frappé d'une retenue de trois dixièmes au profit de l'Etat à titre de frais de gestion. Le surplus constituera le salaire proprement dit et sera attribué aux

---

(1) Cette moins-value dérive de l'inhabileté professionnelle ordinaire des détenus, ainsi que du défaut de régularité de main-d'œuvre, laquelle résulte du renouvellement de la population des prisons, d'où la nécessité de fréquents apprentissages.

détenus dans la proportion fixée par les articles 15 et
27 du Code pénal. Les condamnés en simple police,
les prévenus, les accusés et tous les autres détenus pour
lesquels le travail n'est pas obligatoire, auront droit
à l'intégralité du salaire, déduction faite des frais de
gestion.

Art. 13. — Des retenues pourront être opérées sur
les salaires du chef de dégâts aux matières premières,
malfaçons et détérioriations au mobilier. Ces retenues
seront fixées par les commissions administratives sur
la proposition des directeurs.

Art. 14. — Les directeurs détermineront, en tenant
compte des aptitudes de chaque prévenu, le genre de
travail qui lui sera imposé. En cas de réclamation, il
sera statué par la commission administrative.

Art. 15. — La commission administrative pourra
mettre à la charge du directeur et des employés à la
surveillance des travaux des détenus, les pertes
résultant des malfaçons lorsque celles-ci auront été
provoquées ou facilitées par un défaut de surveillance. La commission administrative déterminera
l'étendue de la responsabilité du directeur et des
employés d'après la faute commise, et en tenant
compte du montant de la perte résultant des malfaçons.

Le directeur pourra également, en cas de négligence grave, être rendu responsable en tout ou en
partie des pertes pécuniaires qu'éprouverait l'Etat par

suite de l'insolvabilité des entrepreneurs de travaux.

. . . .

Art. 21. — Le présent règlement sera mis à exécution le 1ᵉʳ mai 1887.

Art. 22. — Notre règlement du 14 mars 1869 est rapporté. Notre ministre de la justice est chargé de l'exécution du présent décret.

Donné à Laeken, le 5 avril 1887.

LÉOPOLD.

Par le roi :

Le Ministre de la Justice :

J. DEVOLDER.

Le travail, en principe, est organisé en régie, mais si les commandes de l'Etat ne suffisent pas, on s'adresse à l'industrie privée. Toutefois il faut remarquer que si la main-d'œuvre d'un certain nombre de détenus peut être louée par contrat à un entrepreneur pour l'exécution d'un travail déterminé, moyennant le paiement d'un salaire fixé, cependant le travail pénitentiaire reste soumis dans son organisation et son fonctionnement à la direction immédiate et exclusive de l'Etat. L'entrepreneur n'a aucun pouvoir dans la prison. Il ne peut que transmettre ses plaintes au directeur, mais personnellement il ne peut sévir. Il a accès dans la prison, soit en personne, soit par un de ses employés qui aura reçu l'agrément de la commission administrative, pour vérifier et contrôler son matériel et ses marchandises. Il en est de même des travaux pour l'armée : les maîtres tailleurs et cordonniers des régiments font un contrat avec l'administration qui seule a la surveillance. L'entrepreneur n'a que le droit de rejeter le travail qui ne lui convient pas.

C'est là une excellente chose, car, comme disait M. Stevens (1) : « L'entrepreneur, qui en fait préside » à la production et au service financier de la prison, » finit fatalement par devenir, plus que le directeur » lui-même, le maître des condamnés et le chef des » agents subalternes ; or l'exécution des peines doit » rester avant tout et d'une façon exclusive une » attribution d'Etat. Les condamnés ne sont pas dans » le commerce. »

L'organisation des travaux doit profiter plutôt à l'avenir du détenu qu'aux intérêts du trésor. C'est aussi l'opinion du roi de Suède, Oscar II. Le travail a pour but, nous l'avons vu, la moralisation du condamné, son reclassement. Il faut donc lui procurer une profession s'il n'en a pas, en un mot faire de la prison, comme l'a dit M. Stevens, une école professionnelle ; en conséquence l'intérêt de l'apprentissage doit primer tous les autres ; car si le détenu sait travailler à sa sortie, il ne retombera plus, c'est très probable, dans ses anciens errements, puisqu'il aura

______

(1) Les Institutions pénitentiaires de la France en 1895, p. 282.

entre les mains les moyens de lutter avec l'existence,
chose souvent inconnue de lui avant son incarcération. Beaucoup de détenus apprennent même un
nouveau métier s'exerçant dans une région éloignée
de celle où il est connu. Toutefois ces apprentissages
ne sont guère possibles que pour les condamnés aux
longues peines ; quant à ceux ayant à subir des peines
courtes, ils sont employés à leur ancien métier s'il est
exercé dans la prison ou à des travaux faciles ne
demandant aucun apprentissage et choisis par le
directeur. Le directeur a le droit d'imposer une tâche
aux détenus et de retenir sur leur salaire une somme
égale au déficit (Règlement de Louvain), mais ceci
n'est guère appliqué. Enfin chaque travail doit pouvoir être exécuté par un homme seul. Il y a quelque-
fois exception quand le travail à faire nécessite la
réunion de plusieurs ouvriers, par exemple pour
l'assemblage de grosses pièces de bois, mais le plus
souvent le gardien aide le détenu.

Les travaux exécutés sont très variés et surveillés
par les gardiens qui sont en même temps contre-
maîtres. On fabrique par exemple à Saint-Gilles
des chaussures, des habillements, de la vannerie, des
filets, des sachets en papier, des objets de menuiserie.
L'apprentissage n'est pas très long : on fait un cordonnier passable en neuf mois environ, un tailleur en
six mois, un vannier en trois mois. Dans d'autres
prisons on apprend aux condamnés le tissage : ce

travail a été supprimé à Louvain et remplacé par le tissage de la toile métallique. On fabrique encore des lignes de pêche, on apprend le brochage, la reliure, la brosserie, la ferblanterie, la confection de nattes, de coffres, d'ouvrages de fil de fer etc... Les femmes sont occupées à des travaux de lingerie, de broderie etc... Certains détenus sont employés à des travaux de copie. Dans certaines cellules plus vastes il y a des forges, des ateliers de menuiserie, des installations de tourneurs. On s'efforce de faire connaître à chaque détenu toutes les parties de son métier, c'est-à-dire qu'on ne pratique pas la divison du travail : on apprend au cordonnier à faire un soulier, au tailleur un vêtement, et non pas seulement la taille ou la couture.

A Gand sont installés des ateliers communs ; c'est là que se fabriquent les uniformes et les chaussures des surveillants de toutes les prisons de Belgique. Il y a aussi de nombreux métiers de tissage, des sabotiers, des relieurs, des forgerons etc...

Chaque détenu a un livret de travail portant son numéro, et sur lequel le surveillant inscrit les travaux exécutés, chaque fois qu'il les retire de la cellule. Cette inscription est suivie de son parafe et au besoin de celui du détenu intéressé.

Ce livret est additionné par mois ou à la sortie des détenus et le montant du salaire est indiqué globalement sous les quantités totales. A la fin du mois le gardien dresse la liste générale des travaux exécutés sous sa surveillance.

Voici le modèle du livret de travail :

DATES des REMISES	NATURE DES TRAVAUX EXÉCUTÉS							PARAFES	
	(1)	(1)	(1)	(1)	(1)	(1)	(1)	du surveillant.	du détenu.

(1) Indiquer le prix de main-d'œuvre revenant au détenu par unité de travail.

c) *Le Pécule.* — Le détenu touche un salaire sur lequel l'administration perçoit une indemnité pour ses frais d'entretien et une certaine retenue qui varie suivant la peine subie. C'est encore là une des faibles différences que l'on trouve entre les diverses espèces de peines (articles 15 et 27 du Code pénal).

L'Administration exerce pour frais de gestion une retenue générale de trois dixièmes. C'est peut-être légèrement excessif ; l'Etat gagnerait plus en effet en accroissant la part revenant au condamné qui serait encouragé ainsi à produire davantage. Les retenues exercées devraient suffire. Les sept dixièmes restant sont divisés en dix parts attribuées ainsi qu'il suit : sept sont retenues par l'Etat aux condamnés aux travaux forcés, six aux réclusionnaires et cinq aux prisonniers correctionnels. La différence constitue le pécule. Ce pécule est divisé en deux parts : une part disponible, une part de réserve. Dans les maisons centrales, depuis 1851, la quotité disponible est portée en compte, le condamné n'ayant plus de numéraire entre les mains ; dans les maisons secondaires, le pécule est entre ses mains jusqu'à concurrence d'une petite somme.

Le pécule disponible est à la disposition du détenu et peut être affecté par lui jusqu'à une certaine limite à des achats à la cantine, à des achats de linge, de vêtements, de papier à lettres etc., à des envois de secours à sa famille en ligne directe, si elle est nécessiteuse et si la commission administrative a donné l'autorisation. Quant aux condamnés privés de cantine, ils ne peuvent avoir d'argent disponible ; on le verse au compte courant.

Le pécule « réserve » est indisponible. On en forme une masse qui est remise au détenu lors de sa libération. S'il est condamné à perpétuité on l'autorise à faire des prélèvements en faveur de sa famille. Enfin s'il meurt en cours de peine, la masse est remise aux héritiers, défalcation faite des frais d'inhumation et de justice. L'article 27 § 2 du Code pénal autorise les condamnés correctionnels à disposer de la moitié de leur fonds de réserve pour venir en aide à leur famille dans le besoin.

Cette masse de sortie comprend, outre le produit du travail du détenu, l'argent qu'il a déposé lors de son arrivée et les envois qui lui ont été faits. Cette masse est déposée, au nom de l'établissement, à la Caisse des dépôts et consignations de l'Etat, quand les sommes dont le comptable dispose dépassent les besoins du service. La caisse distribue deux et demi pour cent d'intérêts, lesquels sont répartis annuellement au marc le franc entre les détenus.

Lorsque la peine est subie, le libéré reçoit son pécule de réserve s'il ne dépasse pas soixante-dix francs. Si au contraire il y a excédent, on ne lui remet que cinquante francs et le reste est envoyé au bourgmestre de la localité ou il a déclaré se fixer, lequel en fait la remise au détenu au fur et à mesure et quand il le juge à propos. Enfin quand il y a dans la localité une société de patronage, c'est elle qui en est la dispensatrice. L'administration auparavant a pris sur la masse la somme nécessaire pour habiller le détenu, s'il n'a plus de vêtements, pour lui payer ses frais de route et lui fournir les outils nécessaires à l'exercice de son métier.

En réalité, si on prend comme type le salaire d'un ouvrier moyen, qui est d'une trentaine de francs par mois, on arrive aux résultats suivants : la retenue

de l'administration est de trois dixièmes, donc 9 francs.
Les 21 francs restant se répartissent ainsi :

Les forçats ont comme pécule général trois dixièmes
ou 6 fr. 30 et l'Etat 14 fr. 70 ;

Les réclusionnaires quatre dixièmes ou 8 fr. 40 et
l'Etat 12 fr. 60 ;

Les correctionnels cinq dixièmes ou 10 fr. 50 et
l'Etat 10 fr. 50.

Malgré la retenue exercée par l'Etat, le service des
prisons est loin de subvenir à toutes ses dépenses.
Voici en effet le résultat des opérations de travail des
détenus en 1898 : (1).

Le produit brut du travail, c'est-à-dire l'ensemble
des prix payés par les entrepreneurs particuliers, ou
pour les travaux en régie directe par l'Etat, s'est
élevé à 340,032 fr. 88. Il a été payé aux détenus
occupés aux travaux industriels 121,229 fr. 41, à
ceux employés aux travaux domestiques 23, 193 fr. 31.
Si on ajoute à ces deux sommes celles qui représen-
tent le traitement du personnel spécialement attaché
aux travaux industriels et certaines menues dépenses
(achat d'articles de confection, etc...) occasionnées par
ces travaux, soit 63,251 fr. 50, on a un total général
de dépenses de 207,674 fr. 23, c'est-à-dire un bénéfice
de 132,358 fr. 65 sur les opérations se rapportant au

(1) Rapport de la Direction générale des Prisons de Belgique
au VIe Congrès Pénitentiaire.

travail. Mais si on remarque que les dépenses totales
des prisons se sont élevées en 1898 à 2,693,000 fr.
dont 990,000 seulement pour l'entretien, l'habille-
ment, le couchage et la nourriture des détenus, on
verra que la Belgique subit du fait de ses prisonniers
un sérieux déficit.

B). — OPINIONS ÉMISES AU SUJET DU RÉGIME BELGE

Bien des savants et des criminalistes ont donné
leur opinion sur le système belge. Il y a une opposition complète entre les uns et les autres.

Le Docteur Voisin est tout à fait partisan du
système. Il a visité Louvain en janvier 1888 et n'a
trouvé aucun cas d'affaiblissement intellectuel occasionné par l'emprisonnement individuel. Tous les
condamnés, sauf deux, lui ont déclaré préférer de
beaucoup la cellule au régime commun. Il remarque
en eux une certaine gaîté, un certain entraînement
et les punitions sont rares. Enfin le système belge
ne provoque pas, selon lui, plus de cas d'aliénation
ou de suicides, ni plus de mortalité que tout autre
mode d'emprisonnement.

M. d'Olivecrona, conseiller à la Cour suprême de
Stockholm en 1875, n'a « jamais vu des prisons aussi
» propres et aussi bien tenues qu'en Belgique », mais
toutefois il ne voudrait pas voir appliquer la cellule
continue.

En 1872, M. Thonissen, professeur à l'Université de Louvain écrit (1) : « Le régime belge se distingue » par des caractères spéciaux et des innovations » heureuses. Il n'est pas ruineux pour le trésor public, » puisqu'il augmente la fécondité du travail et permet » de réduire dans une notable proportion la durée » des peines. Il n'est pas inhumain puisque l'état » sanitaire est généralement plus favorable dans les » prisons cellulaires que dans les prisons communes.... » Il ne fait pas de la cellule un tombeau anticipé » puisque le condamné travaille, obtient des livres, » fait des exercices en plein air et reçoit en moyenne » cinq à six visites par jour.

» Il est efficace, car, dès l'instant qu'on l'applique » avec intelligence, il calme l'irritation des prisonniers » et ne tarde pas à dompter les caractères les plus » rebelles...... Il est rassurant pour la moralité et la » sécurité du corps social, parce que mettant les » détenus à l'abri de toutes les mauvaises leçons et » de tous les mauvais exemples il leur aplanit les » voies du bien en les plaçant dans l'impossibilité de » faire le mal..... Il est rassurant encore parce que » d'une part il empêche les dangereux complots de » malfaiteurs qui vont récupérer leur liberté, tandis » que d'autre part il préserve les condamnés amendés » de ces funestes connaissances de prison dont les

(1) V. Stevens. — *Régime des Etablissements Pénitentiaires*, 1875, p, 35 et s.

» nombreux inconvénients n'ont pas besoin d'être
» signalés. »

On avait émis des doutes sur la force de résistance
des femmes au système de la cellule. S'il faut en
croire le même M. Thonissen, elles supportent ce
genre d'emprisonnement aussi bien que les hommes.
Elles sont très découragées tout d'abord, mais cette
période ne dure pas; au bout d'un certain temps
elles se résignent, travaillent, se montrent de bonne
humeur et en général préfèrent cette détention au
système de la communauté. M. Stevens est de cet
avis, car l'emprisonnement cellulaire convient mieux
aux habitudes des femmes, à leurs occupations séden-
taires, à leur pudeur.

D'autres ont prétendu que le système belge avait
l'avantage d'éviter les mauvais contacts, mais qu'il
réduisait le mal et le bien à rien : tout consiste dans
l'observation et l'inobservation du règlement, et il
arrive enfin que le détenu s'adaptant à la cellule et à
ses règlements, celle-ci n'a plus sur lui aucune
influence.

M. Stevens, lors de la grande enquête française de
1872 s'exprimait ainsi (1) : « Le système cellulaire
» tel qu'il est pratiqué en Belgique a surtout pour
» objet l'éducation des détenus sans qu'on oublie

____

(1) Stevens. — *Régime des Etablissements Pénitentiaires*, 1875,
p. 72.

» pour cela l'idée de châtiment que doit nécessaire-
» ment comporter toute condamnation, car la peine
» est sérieuse et la discipline très sévère. »

M. d'Haussonville a vu en Belgique des individus
« qui avaient été condamnés au début de leur jeu-
» nesse et dont les cheveux avaient blanchi dans la
» prison, et qui étaient destinés à y mourir. » Il
constate que tous avaient les symptômes de la débi-
litation intellectuelle, comme ceux de l'anémie
physique.

Selon d'autres criminalistes, les condamnés entrés
jeunes, pour la plupart habitués à une vie de débauches, ne se moralisent guère et arrivent fatalement
à la décrépitude physique et morale. M. Berenger a
remarqué chez certains détenus de Louvain « un
» état d'abrutissement et de dépression intellectuelle »,
et il trouve que c'est le « type habituel des criminels
» condamnés après une vie de débauches et de
» méfaits. »

M. Mattos, avocat à Lisbonne, ayant visité la
maison centrale de Louvain, en mai 1882, se montre
l'adversaire du système, lequel lui semble contraire
aux progrès de la civilisation humaine. M. Mattos a
bien vu des condamnés se portant bien, mais il accuse
l'administration d'avoir, à dessein, évité de lui présenter les individus qui ne pouvaient supporter la
cellule. Il demanda même à entrer dans certaines
cellules et on lui répondit que les individus qui y

étaient enfermés étaient dangereux et qu'une visite contribuerait à augmenter leur excitation, ou bien encore on donna des raisons d'humanité. Bref, selon lui, le régime de Louvain et d'un effet déplorable pour la santé et il préfère de beaucoup la prison de Gand. Il a vu à Gand des individus qui n'avaient pu supporter l'emprisonnement individuel ou avaient opté pour le régime commun après dix ans de cellule. Il est navré de leur état.

M. Léveillé a une impression défavorable sur les condamnés de Louvain qu'il retrouve à Gand en 1886. La plupart sont déséquilibrés; ils ont le délire de la persécution et se déclarent sans cesse harcelés par leurs camarades.

Au contraire M. Lallemand est favorable à l'emprisonnement cellulaire à long terme et réfute les critiques de M. Mattos. M. Picot s'est entretenu avec des condamnés internés depuis vingt-cinq ans et il les trouve sains d'esprit.

J'ai visité aussi plusieurs prisons de Belgique et interrogé des prisonniers. Mon impression, en général, est que les détenus supportent très bien la cellule courte, mais que la cellule longue a souvent sur eux une influence défavorable.

A la prison de Bruges j'ai pu causer avec plusieurs femmes qui avaient subi déjà de un an à trois ans de cellule : la plupart étaient d'une humeur assez enjouée et formaient des projets pour l'époque de la libération. Il n'y avait qu'une femme ayant déjà subi une longue détention, huit ans; elle était à perpétuité. Malheureusement, elle était flamande et je n'ai pu lui parler que par l'intermédiaire du directeur ; elle ne tenait pas, parait-il, à aller en commun à Mons. Elle avait un air sombre, des yeux quelque peu hagards; le directeur me l'a présentée comme une hystérique et m'a assuré qu'elle avait toujours été dans le même état, même lors de son entrée.

Je suis allé à Louvain et j'ai vu de nombreux condamnés ayant passé en cellule jusqu'à quatre ou cinq ans. Tous m'ont produit une bonne impression ; ils se portent très bien, et ont conservé toute leur vivacité d'esprit. Ils paraissent en général amendés, mais il est utile de dire en passant qu'ils faisaient montre de ces bonnes dispositions en présence du directeur. Je n'ai qu'à féliciter ce dernier de son obligeance et à l'en remercier, mais je crois devoir lui faire un léger reproche : comme il est un partisan convaincu du système, j'ai bien peur qu'il ne m'ait fait voir que les beaux côtés de l'institution, laissant dans l'ombre les condamnés quelque peu éprouvés par le régime cellulaire. Je dois toutefois reconnaître que j'en ai vu quelques-uns dont l'esprit était légèrement faible :

X.... 59 ans. Condamné à perpétuité; a fait trente et un ans de cellule. Dans l'intervalle il a passé sept ans à Gand, mais il a demandé à revenir à Louvain.

Son caractère est très aigri et il avoue que s'il avait cru rester aussi longtemps sans obtenir de grâce ou de libération il n'aurait pas demandé son transfert à Louvain.

Y.... encore jeune, croit que les médecins l'ont empoisonné en le vaccinant, lors de son entrée au pénitencier. Il a eu mal à la jambe depuis et il affirme que c'est à cause de la « pourriture » que lui a inoculée le docteur. Il faudrait, dit-il, qu'un forgeron le débarrassât en lui brûlant la partie malade au fer rouge.

Z..., 55 ans environ, en cellule depuis une vingtaine d'années se dit innocent ; il se met en fureur contre le directeur s'il vient à lui parler de son crime : la menace de l'envoyer à Gand le fait redevenir calme ; il se dit persécuté constamment par l'administration de la prison, mais malgré tout son plus grand désir est de rester en cellule.

Un autre condamné ne veut pas non plus aller à Gand, car il se trouve plus tranquille en cellule. Là-bas, au contraire, on prépare les coups à faire.

A la prison de Gand j'ai vu plusieurs individus qui avaient été envoyés de Louvain. L'un a fait huit ans à Louvain ; il est complètement abruti. Un autre est resté douze ans à Louvain et depuis treize ans il est à Gand ; il est un peu affaibli. On l'emploie à des travaux de confiance, à la cuisine ; il se trouve content et refuse la libération conditionnelle qu'on

lui a déjà offerte deux fois. Il a toujours pour réponse
qu'il veut sauver son âme et que la liberté l'empêche-
rait d'atteindre ce but.

Un troisième a séjourné dix ans et trois mois à
Louvain; il aimerait mieux y être encore, car on y
est plus tranquille, mais il se trouve légèrement
gâteux. Un autre encore a dû être transféré en
commun après trois ans et neuf mois de cellule. Il
est dans une décrépitude intellectuelle complète.

Tous les condamnés, d'ailleurs, ne peuvent s'adapter
au régime cellulaire, à raison de leur santé physique
ou mentale. C'est ainsi qu'au 31 décembre 1898 sur
4.704 détenus, 3.677 (3.339 hommes et 338 femmes)
étaient en cellule et 1.027 (957 hommes et 70 femmes)
étaient en commun, dont 140 hommes et une femme
par suite d'inaptitude physique ou mentale à subir
la cellule, ou par suite d'option de régime après une
détention cellulaire de dix ans.

Enfin, en général, l'impression produite par ceux
qui ont passé un temps déjà long en cellule est plutôt
pénible.

Il est intéressant de connaître également l'avis de
l'administration elle-même sur son système, tant au
point de vue physique qu'au point de vue mental.
Dans son rapport au VIe congrès pénitentiaire international, elle consigne ses observations statistiques
sur la généralité des détenus. Le nombre proportionnel
des journées d'infirmerie sur les journées de détention

est, dans les maisons centrales, pour les années 1895 à 1898, trois pour cent, et dans les maisons secondaires, trois pour cent pour les femmes, un pour cent pour les hommes. Les maladies les plus fréquentes sont celles des voies respiratoires, lesquelles sont également prépondérantes dans la vie libre.

On a constaté l'immunité des détenus en cellule à l'égard des maladies contagieuses. La mortalité la plus forte de 1895 à 1898 a été dans les maisons centrales de vingt pour mille et dans les prisons secondaires quatorze pour mille. Or le chiffre des décès le plus faible dans cette même période a été dans la vie libre de 17, 23 sur mille habitants. Ici toutefois nous avons les enfants et les vieillards qui fournissent un fort contingent, tandis que dans les prisons il n'y a guère que des hommes de vingt à soixante ans. Eh bien, même en ce cas, la mortalité des prisons n'est pas plus forte si on tient compte de la nature spéciale de la population pénale, composée d'êtres souvent dégénérés.

De 1895 à 1898 il n'y a eu que cinq suicides et huit tentatives de suicide dans les maisons centrales. Depuis 1896 l'administration a fait examiner au point de vue mental 33 détenus qui avaient atteint dix ans d'encellulement, et le médecin-aliéniste n'a relevé chez eux aucun indice d'aliénation mentale. Pour répondre à ceux qui pourraient se demander ce que sont devenus les condamnés n'ayant pu faire dix ans, l'administration établit la liste suivante : Depuis vingt-cinq ans, sur 436 condamnés à perpétuité entrés à Louvain, on en trouvait au 31 décembre 1899, 120 qui étaient en cellule en parfaite santé, 159 avaient été transférés en commun, 34 graciés, 22 aliénés et 101 décédés.

En résumé, l'administration est d'avis que tous les détenus ne peuvent subir un encellulement prolongé de dix ans, mais que beaucoup supportent ce régime sans inconvénient pendant un plus grand laps de temps. Toutefois, il faut faire entre les condamnés une sélection judicieuse qui atténue les conséquences fâcheuses qu'entraîne fatalement tout emprisonnement à long terme, quelqu'en soit le mode d'exécution.

Enfin, M. le docteur de Rode, médecin-aliéniste des prisons, paraît donner la note juste : M. le docteur Semal, dit-il, prétendait en 1889, au Congrès international de médecine mentale de Paris, que l'isolement cellulaire, tel qu'il est pratiqué en Belgique, n'est jamais une cause de folie. C'est là une opinion trop absolue. L'isolement provoque fréquemment, s'il existe chez le détenu quelque prédisposition héréditaire ou acquise, l'éclosion d'une maladie mentale jusque là restée latente. « En un mot, la » prison cellulaire est dangereuse pour les personnes » d'un esprit très borné, qui ont besoin des stimu- » lants extérieurs, pour les individus orgueilleux,

» méfiants, taciturnes, ayant manifesté des idées de
» suicide, ou pour les excentriques qui, même dans
» la vie ordinaire, ont déjà frappé leur entourage
» par les caractères anormaux de leur état mental.
» Elle est pénible et devient souvent insupportable
» pour le vagabond endurci et le paresseux invétéré. »

C) IMPORTANCE DU RÉGIME BELGE. — SA SUPÉRIORITÉ

Le régime belge a une grande importance au point de vue pénitentiaire. Seul en effet il peut donner des résultats certains, puisqu'il est actuellement le seul complètement organisé. L'administration est entrée franchement dans la voie de la réforme et, après des sacrifices énormes, elle peut maintenant aspirer au premier rang. Une chose l'a toujours tenue en haleine, c'est la réforme morale des prisonniers ; elle n'a jamais considéré le détenu comme un moyen de production, mais comme un homme tombé qu'il faut reclasser. L'admirable organisation intérieure de la prison Belge répond à ces aspirations. On a compris que l'action puissante de la solitude vaut bien mieux comme ressort moralisateur que l'émulation, l'imitation et l'exemple qu'on propose au détenu dan sle régime commun. Telle est d'ailleurs l'opinion d'un homme éminent en matière criminelle, de Livingston (Code de réforme et de discipline des prisons) : (1)

Voir Stevens. *Régime des Etablissements pénitentiaires*, 1875, p. 61.

« Solitude et travail, dit-il, voilà les deux grands
» remèdes. Comment doivent-ils être appliqués ?.....
» Chaque condamné doit être séparé de ses coasso-
» ciés, mais doit-il être privé de tout autre société ?
» Il ne faut pas perdre de vue deux points que
» nous nous proposons d'atteindre. la punition et la
» réforme. Autant de punition qu'il est nécessaire
» pour détourner les autres de l'exécution du crime
» et le coupable de la récidive et toute indulgence
» compatible avec l'objet en vue qui peut graduel-
» lement amener le coupable à préférer une vie
» d'honnête industrie, non par la crainte de la puni-
» tion, mais par la conviction qu'elle est réellement
 » préférable. »

En Belgique, on isole le prisonnier dès son entrée;
on l'éloigne de tout mauvais contact, mais on n'a pas
voulu méconnaître le besoin de sociabilité inhérent
à la nature humaine et le mettre, comme dans le
système de Philadelphie, dans une cellule sans issue,
où il ne voit personne, et où il est sans cesse en proie
à la crainte, à la colère, au remords, et où il arrive
fatalement à la folie. On a adouci sa captivité par
des soins intelligents, par des visites. On s'est rappelé
que ce malheureux était un homme et avait besoin
de consolations, d'encouragements et que l'on retire-
rait plus de fruits d'une sage direction donnée à cet
être délaissé de tous que d'une sévérité draconienne.
Ce qu'il faut avant tout, c'est sinon réconcilier le

coupable avec la société, du moins obtenir qu'il renonce à ses hostilités contre elle, changer ses habitudes à défaut de son cœur, remplir dans la prison la fonction de la famille, faire enfin du châtiment un moyen d'éducation.

Beaucoup se sont montrés les adversaires décidés de ce système. On a dit, par exemple M. Lucas, qu'il était illogique de placer le condamné dans un milieu différent de celui qui l'attend à la libération : à sa sortie il rencontrera la société telle qu'elle était avant son entrée en prison, avec les mêmes exigences, les mêmes tentations. « Le système cellulaire » serait donc, d'après M. Lucas, un système négatif » qui ne voit qu'une chose, la séparation obligatoire, » afin que les uns ne démoralisent pas les autres, » mais ce système ne permet ni initiative, ni épreuve, » ni effort, d'où ni moralité ni moralisation. »

C'est une exagération. Loin d'avoir un but négatif, le système belge s'est proposé un but positif, le reclassement du coupable. C'était bien ce qu'on avait en vue également à Philadelphie : on pensait que l'homme livré à lui-même arriverait inévitablement au repentir et au bien. C'était une erreur, un manque de science psychologique. Le délinquant, en effet, n'a guère l'esprit tourné vers le bien ; il est livré aux passions, il est en proie à des dispositions héréditaires, à son tempérament. Or, le condamné, qui n'est autre qu'un grand enfant, parce que, le

plus souvent, il est dans un état de dégénérescence
physique et intellectuelle, ouvrira son cœur aux
bonnes paroles et à la réflexion inspirée par ceux qui
le visiteront. Cette semence germera le plus souvent,
car il n'y aura sur lui aucune mauvaise influence, et
dès lors on peut espérer qu'elle prendra des racines
assez fortes pendant une solitude quelque peu prolongée pour ne plus tomber ensuite sous le moindre
souffle nuisible.

Il est peut-être téméraire de dire que certainement
la cellule a une heureuse influence en ce sens qu'elle
rend les hommes meilleurs. Je partage à ce sujet
l'avis de M. Bérenger qui s'exprimait ainsi au Sénat
le 21 mars 1884 (1) : « Nous avons la certitude que
» l'encellulement empêche le prisonnier de devenir
» pire, ce qui est déjà beaucoup. On peut de plus
» espérer qu'il sera plus accessible aux bonnes influ-
» ences. » Bien souvent en effet l'amendement sem-
blera acquis, mais on n'aura guère qu'un succès
partiel, car il sera bien difficile d'atteindre les fibres
profondes de l'âme.

Il ne faut pas nier la supériorité de ce régime sur
le régime commun. Celui-ci entretient la persistance
et l'obstination dans la voie du crime, et fait naître
l'orgueil du vice, qui fait considérer le retour au

(1) *Journal officiel*, débats du Sénat, 1884, p. 751.

bien comme un acte de faiblesse et le rend ainsi à peu près impossible.

Le régime individuel, outre qu'il empêche le contact pernicieux est intimidant pour le plus grand nombre: il faut qu'ils échangent une vie de désordres, de paresse et d'aventures contre une vie dont l'emploi de toutes les journées est fixé d'avance, dont pas un moment n'est laissé à la fantaisie et au hasard. La peine frappe donc d'autant plus cruellement les âmes les plus perverties. Cette monotonie de la cellule fait naître l'ennui, et les détenus sont heureux d'y apporter une diversion par le travail. De là à la moralisation, il n'y a qu'un pas,

Il faut reconnaître qu'un encellulement prolongé peut avoir de déplorables conséquences sur certains caractères. Certainement, c'est un mode susceptible d'améliorer le condamné, de l'empêcher de céder par faiblesse aux mauvais conseils et aux mauvais exemples, mais à la longue certains détenus peuvent se trouver dans un état de santé précaire. A coup sûr la peine doit être dure, le criminel doit expier son forfait et servir d'exemple aux autres, mais il ne faut cependant pas qu'elle soit inhumaine, qu'elle produise une somme plus grande de maux qu'il n'est nécessaire pour atteindre le but de la loi : ce serait une cruauté inutile. C'est ce qu'a compris la Belgique. Il arrive un moment où fatalement l'individu est en quelque sorte sursaturé ; un séjour encore prolongé contre son gré n'aura aucun effet nouveau sur son âme et pourra être préjudiciable à sa santé. La Belgique a fixé ce moment à dix ans de captivité. Après ce temps, l'individu, nous l'avons vu, peut à sa volonté être placé ou non sous le système auburnien.

Ici se pose une grave objection : la cellule est moralisante ; pourquoi donc, après un certain temps, compromet-on ses bons résultats en changeant le régime ? Dans la cellule, dit-on, le détenu a été privé de toute communication ; il n'a pas été en lutte contre ses mauvais instincts et maintenant on va le mettre en commun avec obligation au silence. Il va être tenté continuellement de désobéir au règlement ; cela va être un supplice plus atroce que celui de la solitude véritable.

C'est cependant un moyen de voir si le détenu est réellement amendé : on le replace en effet dans les conditions où il sera à sa libération, c'est-à-dire qu'on le laisse exposé aux tentations. Dans la cellule, le détenu, toujours en contact avec les fonctionnaires de la prison, ne peut qu'obéir ; il aura toujours en vue les faveurs promises à la bonne conduite et le plus souvent il sera hypocrite. On se figure difficilement qu'un homme absolument pervers, n'ayant plus aucune notion de bien, puisse s'amender ; il semble cependant que cela se produise en cellule. Mais est-ce bien certain ? C'est seulement au bout d'un certain temps de régime commun, que l'on verra si réellement cet homme mérite la confiance de la société. Il résistera à la tentation s'il est amendé ; il apprendra ainsi à considérer la loi comme un précepte sacré dont l'infraction entraîne un mal juste et légitime. On pourra alors récompenser ses efforts par la grâce ou la libération conditionnelle.

Les hommes qui se sont occupés de la réforme des prisons en Belgique ont étudié à fond toutes ces questions, et ils sont arrivés à organiser un système dont les moindres détails ont été réglés avec soin et qui fait leur gloire et celle de leur pays. Ils se sont parfaitement rendu compte que la séparation n'est pas la solitude et que le simple isolement ne suffit pas. L'emprisonnement cellulaire transformé en solitude est une cruauté inqualifiable, contre nature, préjudiciable à l'esprit et au corps. Il faut donc, comme en Belgique, éloigner du détenu seulement les causes de dépravation et laisser auprès de lui tout ce qui peut contribuer à son relèvement. C'est l'idée fondamentale de Ducpétiaux qui écrivait en 1857 (1) : « L'emprisonnement séparé ou cellulaire consiste » essentiellement dans la séparation complète des » détenus les uns des autres et dans la substitution de » la société moralisatrice des employés et visiteurs à

(1) Visschers. — *Notice sur la Construction de la Maison de force de Gand*, 1872, p. 62.

» la société dangereuse et corruptrice des prisons
» communes. Dans ce système le prisonnier n'est pas
» confiné strictement dans une cellule solitaire. Il se
» trouve simplement séparé des autres détenus.
» L'essentiel est qu'il soit occupé, qu'il soit en rela-
» tions fréquentes avec de bonnes influences, et
» puisse espérer, par son expiation et sa bonne
» conduite, d'effacer le souvenir de sa faute à l'expi-
» ration de sa peine ».

D). — LES ÉTABLISSEMENTS TYPES :
LOUVAIN, GAND, SAINT-GILLES.

Tout visiteur est impressionné par le spectacle d'une
maison cellulaire. On remarque partout l'ordre, la
régularité, la propreté, l'air, la lumière. Le silence
n'est guère troublé que par le bruit occasionné par le
travail. C'est le bourdonnement d'une ruche labo-
rieuse. Les mouvements sont exécutés militairement.
Enfin tout se trouve réglé jusque dans les moindres
détails.

Avant d'entrer dans la description des principaux
établissements, mieux vaut s'occuper d'abord de la
cellule qui, en général, est à peu près la même
partout.

Qu'est-ce donc qu'une cellule? C'est une chambre
de trois mètres de hauteur sur quatre mètres de long
et deux mètres cinquante de large. Elle est voûtée

en arc, et cette voûte est crépie et badigeonnée en blanc. Les murs sont crépis et peints couleur pierre avec filets rouges aux angles. Le plancher est généralement en chêne ciré. Une lourde porte de bois, assez épaisse, donne accès dans la cellule en s'ouvrant à l'intérieur. Elle est percée d'un guichet qui s'ouvre de haut en bas et plus haut d'un petit œil qui permet au gardien de voir sans être vu. Le condamné a à sa disposition une sonnette, en communication avec une plaque extérieure ; quand il a besoin d'un gardien, il agite la sonnette et la plaque en tombant, indique dans quelle cellule le gardien doit se rendre (1).

La cellule doit être claire, saine, bien aérée. Dans ce but, la fenêtre a 1 mètre 10 de largeur et 75 centimètres de hauteur. Elle est garnie de vitres non lisses et placée à deux mètres du sol, de sorte que le détenu ne peut voir ce qui se passe à l'extérieur. Il ne peut ouvrir que la partie supérieure qui forme bascule. L'aération est bien comprise et les tuyaux du calorifère sont placés au fond de la cellule, soit contre le mur, soit sous le plancher.

Un robinet à eau avec cuvette est placé dans l'angle du côté de la porte, mais dans beaucoup de prisons on distribue tous les matins l'eau à chaque détenu.

---

(1) A Fresnes, comme les sections sont plus vastes, le gardien n'a qu'à consulter un tableau électrique.

Chaque cellule est éclairée par un bec à gaz avec abat-jour en fer blanc. Un robinet pour le réglage est à la disposition du détenu, un autre pour l'allumage à la disposition du surveillant le long du mur du couloir.

Dans tous les établissements, sauf à Gand, il n'y a pas de siège d'aisance, mais un vaste inodore en tôle caché dans une niche qui le plus souvent communique avec la galerie d'aérage. A Gand on a conservé le système du siège fixe avec chasse d'eau (1).

Une chaise, une encoignure vitrée dans laquelle se mettent la gamelle, le goblet et la cuiller en étain, un peigne, une boîte à savon, une petite pelle et deux brosses complètent le mobilier. La couchette en fer contient un matelas de zostère, produit plus économique et moins dangereux que la paille ; elle se replie de façon à servir de table. Seulement cette table est bien petite et le détenu qui a un travail à exécuter ne peut guère s'en servir.

De plus cette couchette est mobile et permet au détenu de se mettre à la fenêtre. Il est vrai que ce fait est excessivement rare à cause de la surveillance exercée à tout instant (2). A Gand on a conservé le système ancien, c'est-à-dire que les couchettes de fer se relèvent contre le mur. Ce mobilier est prescrit

(1) Ce système est celui employé à Fresnes.

(2) A Fresnes la couchette est attachée au mur, comme à Gand, et la chaise enchaînée.

par l'ordonnance du 9 novembre 1869 et sa valeur est d'une quarantaine de francs. Le détenu est responsable des détériorations occasionnées par sa négligence.

Aux parois de la cellule sont suspendus des tableaux contenant les maximes morales que l'on change tous les quinze jours, le règlement de la prison et le tarif de la cantine, la liste des membres de la commission administrative et du comité de patronage, et pour les catholiques des objets de piété. Beaucoup de condamnés ornent avec goût leur cellule de dessins, d'images etc... ; certains qui se conduisent bien, ont même l'autorisation d'élever des oiseaux.

A la porte de chaque cellule est une petite pancarte indiquant la peine et son motif, la classe et la nationalité. Elle mentionne aussi que le détenu est civil ou militaire : les militaires punis pour délits de droit commun subissent en effet leur peine dans les prisons civiles. Un cachet noir désigne les protestants ou les athées. Enfin, une pancarte est également suspendue en certains cas, indiquant que le détenu est privé de cantine ou que, à cause de son état maladif, il a droit à telle ou telle nourriture.

La cellule contient en outre les instruments nécessaires à la profession du détenu, dans les unes un métier à tisser, dans les autres un tour, dans d'autres enfin un bureau pour les détenus employés à des travaux d'écriture. Les condamnés qui sont forgerons ou menuisiers sont, pendant le jour, dans des cellules plus spacieuses où ils peuvent exercer leur profession.

Il nous reste maintenant à décrire les établissements types de la Belgique.

Le Pénitencier de Louvain. — La prison de Louvain date du 1er octobre 1860. Elle contient les condamnés criminels et les correctionnels à plus de cinq ans. Construite sur un vaste terrain situé le long des boulevards extérieurs de la ville, elle donne avec son aspect sévère, l'impression d'un château féodal. Elle a la forme d'une étoile composée de cinq grands corridors comprenant trois étages de cellules ; ces cinq allées aboutissent à un réduit central ou observatoire d'où l'on voit tout ce qui se passe. Il y a 571 cellules ordinaires et chaque gardien en a vingt-cinq à trente sous sa surveillance. La partie centrale est occupée en haut par la chapelle qui sert en même temps d'école dans un de ses secteurs. A cet effet, on relève dans la partie où sont réunis les prisonniers une planche qui cache la vue de l'autel et l'instituteur peut faire sa classe ; ce secteur est également affecté aux autres services religieux. Nous verrons, lorsque nous nous occuperons de Saint-Gilles, comment on est arrivé à concilier le système cellulaire avec les exigences du culte.

Au bout de chaque aile sont les préaux : ce sont des cours triangulaires aboutissant à une rotonde. Le gardien peut voir ainsi ce qui se passe. Cette petite cour est fermée au bout par une grille donnant sur le chemin de ronde et abritée par un auvent où le prisonnier peut se promener s'il pleut. Pendant cette heure de récréation il fume et il peut s'occuper à jardiner. Les préaux de Louvain sont assez gais; certains sont même garnis de fleurs.

L'infirmerie est éloignée du cellulaire et comprend 24 cellules. Ces cellules sont plus confortables; elles sont plus vastes, le lit est plus grand et mieux aménagé.

Il y a également 7 cellules de punition. Elles sont moins grandes que les autres et munies de deux portes distantes l'une de l'autre de un mètre environ (1). La porte intérieure est pourvue d'un guichet de distribution. La fenêtre est garnie à l'intérieur d'un volet fixe en chêne perforé de petit trous, et un volet mobile, placé à l'extérieur, permet de faire l'obscurité complète. Pour tout mobilier il y a un lit de camp avec ou sans paille, à moins que le directeur, sur l'avis du médecin, n'en décide autrement, une cruche et une caisse fixe pour déposer le vase mobile. Il existe une cellule capitonnée, destinée aux individus dont les faits et gestes dénotent un dérangement d'esprit et aux individus furieux mis en observation.

(1) A Fresnes, la porte intérieure est remplacée par une grille aux barreaux épais, qui empêche ainsi le gardien d'être en contact immédiat avec le détenu parfois dangereux.

La boulangerie est cellulaire. Pour l'épluchage des légumes, chaque détenu est dans un réduit où il fait son travail (1). Il en est de même pour la buanderie. Aux heures des repas ces détenus sont réintégrés dans leurs cellules ; tous les mouvements sont faits avec le capuchon.

Le directeur et les deux directeurs-adjoints sont astreints au port de l'uniforme, comme dans toutes les prisons belges. Il y a en outre trois aumôniers, deux instituteurs, un économe, un adjudant et une cinquantaine de surveillants. La population moyenne est de 524 détenus, comportant cinq huitièmes de forçats, un huitième de réclusionnaires et deux huitièmes de correctionnels. La prison de Louvain a coûté 1.892.941 francs, c'est-à-dire 3.197 fr. 50 par cellule. Son état sanitaire est très satisfaisant et les cellules d'infirmerie sont souvent inoccupées.

La Maison de Force de Gand. — La maison de Gand est doublement intéressante, d'abord parce qu'elle est à peu près encore telle qu'elle a été conçue par Vilain XIIII, et ensuite parce qu'on y trouve les condamnés soumis au régime auburnien. Elle fut ouverte en mai 1775. C'est le plus ancien des pénitenciers actuellement existants.

Nous avons vu que son érection avait été ordonnée

(1) A Fresnes, on enfreint la règle de l'isolement environ deux heures par jour à l'égard des détenus employés au nettoyage de la cuisine.

H. Martin. — 8

pour réprimer le vagabondage intense qui existait
dans la Flandre ; mais Vilain XIIII en fit un pénitencier destiné à recevoir également les criminels, les
enfants et même les sans-travail honnêtes qui s'y
présenteraient. Il lui donna la forme d'un octogone
et le partagea en huit quartiers dont cinq seulement
furent d'abord édifiés : la maison ne fut achevée
qu'en 1827. Ces huit quartiers aboutissent à une cour
placée au centre et chacun renferme un nombre de
chambres proportionné au nombre de places et où
tous les détenus sont enfermés isolément le soir.

Dans cet établissement, on classa les détenus suivant le sexe, l'âge et la nature du délit et il servit de
modèle pour la construction des prisons, même cellulaires, avec ailes convergeant vers un point central.

Vilain XIIII introduisit à Gand le travail, trouvant
que c'était là un moyen d'amendement et préférant
l'amélioration du coupable à son châtiment. De
nombreuses industries furent établies, et parmi elles
le râpage du bois de campêche, ce qui a valu à
l'établissement le nom populaire flamand de
« Rasphuis » (maison de râpage) qui lui est toujours
resté. Malheureusement, les résultats ne furent que
temporaires et, à partir de 1783, la maison de Gand
fut livrée, comme nous l'avons vu, à une complète
désorganisation. En 1815 le gouvernement hollandais
réforma le pénitencier et introduisit le travail en
régie, mais il fit de la prison une véritable manu-

facture, et, en raison du nombre de pensionnaires, les chambres construites par Vilain XIIII pour l'isolement nocturne furent réunies deux par deux par la suppression du mur de séparation, afin de pouvoir loger cinq prisonniers à la fois. Ducpétiaux devait venir opérer la réforme générale et c'est là qu'il fit en 1835 ses premiers essais de cellule continue. Actuellement l'établissement compte une aile cellulaire, comprenant 106 cellules pour les condamnés correctionnels à plus de cinq ans. Il ne renferme plus de femmes.

La prison de Gand a une superficie de quatre hectares, 1,244 places, et une population moyenne de neuf cents détenus. Ses cellules, à part celles du quartier spécial, sont plus petites, puisqu'elles ne servent que la nuit, et elles ne sont jamais chauffées.

Outre son quartier cellulaire, la Maison de Force comprend un quartier pour les condamnés de un à trois mois d'emprisonnement, un deuxième pour ceux ayant à subir de trois à six mois, un troisième pour les condamnés criminels n'ayant pu supporter la cellule, un quatrième pour les prisonniers employés au service domestique, un cinquième formant l'infirmerie et un sixième comprenant deux sections et renfermant les enfants : dans la première section sont placés les enfants envoyés en correction et se conduisant mal et dans la deuxième les jeunes condamnés. Chaque quartier, sauf le quatrième, a sa chapelle qui sert en même temps de réfectoire (un rideau cache l'autel) : ces chapelles sont communes sauf celle du quartier cellulaire.

La loi du silence est absolue et les prisonniers, pendant la promenade doivent marcher à quatre pas de distance.

Le quartier des enfants est très bien aménagé : le dortoir est cellulaire, c'est-à-dire composé d'alcôves en fer. Ils ont une salle de gymnastique ; on leur apprend la musique ; on cherche également à leur mettre en main le moyen de vivre honorablement dans l'avenir, aussi leur fait-on choisir un métier. On leur apprend à fabriquer des lits de fer, des souliers, des sabots ; d'autres sont tailleurs, relieurs, menuisiers. En quittant le pénitencier ils reçoivent une caisse d'outils. Ce quartier spécial va bientôt être transféré à Ypres.

C'est surtout le quartier des criminels qui est intéressant : on voit là, en effet, tous les individus qui n'ont pu s'adapter à la cellule. Ici les détenus ne portent plus la cagoule et ils sont tous ensemble dans de vastes ateliers bien éclairés, bien aérés, où ils travaillent sous la loi du silence et éloignés les uns les autres. Ils sont occupés à tisser, ou à des ouvrages de cordonnerie, ou à faire de l'étoupe avec de vieux cordages.

J'ai remarqué que le nombre des gardiens était insuffisant : il n'y en a guère qu'un seul dans ces ateliers contenant une trentaine d'individus qui ont entre les mains des tranchets et autres instruments dangereux. J'en ai fait la remarque et on m'a répondu que toutes ces salles étant en communication, il n'y avait guère de danger ; d'ailleurs les détenus ne s'entendraient pas entre eux et certains viendraient au secours des gardiens pour mériter une faveur de l'administration ; enfin chaque surveillant a dans sa poche un casse-tête. J'avoue qu'il y a peut-être là un peu trop d'optimisme.

Les cellules de Gand ont coûté moins cher que les autres, mais on doit remarquer que l'on applique dans cet établissement le régime auburnien. Le prix de chacune est environ mille à onze cents francs. La menuiserie et la serrurerie ont été faites par les détenus.

La Prison de Saint-Gilles. — Nous arrivons enfin à la prison modèle de la Belgique. C'est une maison secondaire : elle ne reçoit que les condamnés correctionnels. les prévenus et les accusés. Elle est située au sud de Bruxelles, dans le quartier de Saint-Gilles, qui est très salubre. Sa construction, commencée en 1878, a été achevée en 1884 ; l'ouverture eut lieu le 1ᵉʳ juin 1885. Le mur d'enceinte, d'une hauteur de six mètres, contourne une superficie de 5 hectares et demi. Elle a 235 mètres de façade sur 245 mètres de profondeur. La population moyenne est de 578 détenus, mais elle contient 616 cellules.

On a dit que cette prison était une erreur pénitentiaire ; elle est au contraire une fantaisie royale et,
en la voyant, on est impressionné. La façade en
pierre présente l'aspect d'un château fort, avec ses
tours et ses créneaux. Quand on a franchi la porte,
on se trouve dans une grande cour bordée à gauche
par la maison du directeur et celle du chef surveillant
et à droite par celles des directeurs-adjoints et le corps
de garde militaire. Des jardins sont attenants à ces
habitations. Au fond de la cour, sont des bâtiments
à un étage où se trouvent le réfectoire des surveillants
et la salle d'attente pour les visiteurs des détenus ;
entre ces deux salles, une ouverture grillée donne
accès au chemin de ronde ainsi qu'aux magasins et
aux foyers des calorifères situés de plain-pied avec
la cour. Sur les côtés de cette entrée sont disposés
deux escaliers d'une vingtaine de marches donnant
accès au couloir qui conduit au centre de la prison. A
l'entrée, à droite du couloir, se trouve le cabinet du
directeur et à gauche la salle des réunions de la
Commission administrative. Le couloir est fermé par
deux grilles, à l'entrée du cellulaire. Après avoir
franchi la première, on trouve à droite le cabinet
des magistrats, les bureaux de la comptabilité et du
greffe, les cabinets des avocats et plus loin, dans un
pavillon distinct, quatre cellules de répression et une
cellule sombre capitonnée, pour les déments ou
furieux ; à gauche les bureaux des directeurs-adjoints

et des aumôniers, le prétoire disciplinaire, les salles des archives, quatre autres cellules de répression et les parloirs cellulaires des détenus, au nombre de dix-huit. La disposition en est très ingénieuse : chacun comprend deux loges donnant sur un couloir différent et communiquant l'une avec l'autre par une ouverture munie d'un épais grillage ; de cette façon le détenu ne peut rien recevoir de celui qui le vient voir.

On franchit ensuite la deuxième grille et on rencontre le corps de garde nocturne des surveillants, puis un escalier et un monte-charge, établissant la communication avec les magasins situés dans les substructions et les chapelles des différents cultes. Enfin le couloir s'élargit et débouche au centre du cellulaire. C'est un espace de douze mètres de diamètre vers lequel convergent toutes les parties de l'édifice, lequel est bâti suivant le système panoptique. En allant de gauche à droite on trouve le couloir menant à la cuisine, deux ailes, le couloir de la boulangerie, une troisième aile, l'infirmerie, deux autres ailes et enfin l'entrée de la buanderie. Les services sont donc isolés et placés entre les quartiers cellulaires.

Chaque aile est large de quinze mètres et longue de soixante-dix-huit. Elle comprend sur un rez-de-chaussée et deux étages, 120 cellules rangées à droite et à gauche d'une large galerie, six chambres de surveillants, trois vestiaires et trois éviers. Ces éviers

placés près des préaux servent au lavage des vases
mobiles tous les matins (1). A l'extrémité de la galerie
sont placés les préaux. Chaque aile à vingt-quatre
préaux, lesquels divisent en triangles un cercle de
vingt mètres de rayon sur le centre duquel s'ouvrent
leurs portes à judas. Ces préaux sont agrémentés
d'un gazon avec parterre, entouré d'une allée sablée,
et couverts à leurs deux extrémités de manière à
permettre la sortie du détenu par les mauvais temps.
Ils sont séparés entre eux par un mur de trois mètres
de haut et ont vue, à travers la grille qui ferme leur
enceinte, sur le potager de l'établissement et le chemin de ronde. Un escalier placé au commencement
et au fond de l'aile mène aux étages, dont les portes
des cellules donnent sur un balcon étroit. Aux extrémités et au milieu un pont réunit les deux côtés
du balcon. Tout est très bien éclairé.

La cuisine se compose de six cellules pour l'épluchage des pommes de terre (2), un lavoir, la cuisine
proprement dite avec quatre chaudières, et deux
locaux à usage de menuiserie et de forge pour les
besoins de l'établissement.

La boulangerie comprend la salle de cuisson (deux

(1) Il y a d'autres chambres encore dans l'établissement. Au
total 41.

(2) Le cuisinier principal, qui est un détenu, vient prendre les
légumes après le départ du prisonnier. De cette façon l'isolement
est respecté.

fours) la salle du pétrin mécanique, la paneterie, et deux magasins à farine.

L'infirmerie contient douze cellules pour les détenus malades, une chambre pour les surveillants en traitement, une petite chapelle, le cabinet du médecin, la pharmacie, la tisanerie, deux chambres d'infirmiers, le dépôt mortuaire, la salle d'autopsie, deux salles de bain, un jardinet et quelques préaux.

Dans la buanderie il y a huit cellules où les détenus lavent le linge, un rinçoir, un séchoir et un local à désinfection.

Sur les flancs du point central, au-dessus du couloir d'entrée, s'étagent les chapelles des cultes Israélite et Protestant, où se font aussi les classes, la bibliothèque, la sacristie, et enfin, au-dessus du centre même, la chapelle catholique. Les chapelles ont une disposition ingénieuse : elles sont en amphithéâtre et disposées de manière que chaque détenu voie et entende l'officiant ou l'instituteur sans qu'il soit porté atteinte à la séparation. Le condamné ne doit pas s'agenouiller dans les stalles ou prendre une attitude qui pourrait le soustraire à la vue des gardiens. Chacun doit en outre pendre au-dessus de sa tête le numéro qu'il porte constamment à sa boutonnière lorsqu'il sort. La chapelle de Saint-Gilles contient six cents stalles cellulaires.

Le personnel de Saint-Gilles se compose de : un directeur, deux directeurs-adjoints, deux aumôniers,

un pasteur, un rabbin, deux instituteurs, deux médecins, plusieurs comptables et environ cinquante
surveillants.

La prison de Saint-Gilles, construite sur les plans
de M. l'architecte Derre, a exigé une dépense de
5.750.000 francs dont 4.960.000 pour la construction.
En conséquence, chaque cellule revient à environ
8.300 francs. C'est un prix fort élevé, mais il faut
tenir compte de l'ensemble grandiose de l'édifice. En
somme Saint-Gilles est le modèle du genre et nous
sommes bien loin des anciennes prisons. Nous en
avons pour preuve le rapport de T. P. Caëls sur
l'état de la maison d'arrêt dite porte de Hal et sur le
projet de son amélioration, lu au magistrat de Bruxelles à la séance du soir du 24 septembre 1794 (1).
Il se plaint de l'odeur infecte résultant de la mauvaise construction. Il demande que l'on cherche à
y remédier : une des premières choses à faire
est de supprimer les baquets ou sortes de cuviers
où les prisonniers déposent leurs excréments; à cet
effet, on devrait donner aux prisonniers des chaises
percées bien fermées qui seraient enlevées et net-
toyées tous les jours. Les prisonniers sont malpropres;
vu leur quantité, beaucoup sont logés dans des
souterrains humides et froids, d'où il résulte de nom-

(1) **Stevens.** 1874. *Construction des prisons cellulaires en
Belgique*, annexe n° 1, p. 37.

breuses maladies ; les corridors, les escaliers et fenêtres sont trop étroits. Enfin, le rapporteur demande l'introduction des bains et d'un uniforme.

On voit donc que, depuis un siècle, l'organisation pénitentiaire a fait des progrès énormes.

CHAPITRE IV

CE QUE DEVIENNENT LES LIBÉRÉS BELGES

La Belgique a introduit une importante innovation législative dans le domaine de la réforme morale des condamnés : c'est la Libération Conditionnelle, qui est un stimulant, puisqu'elle fait entrevoir au détenu qui se conduit bien une abréviation de sa peine et par conséquent la liberté à brève échéance. Elle a un autre bon résultat, car elle est pour le libéré un moyen de reclassement énergique : il est en effet obligé de se surveiller et de faire tous ses efforts pour ne pas retomber dans le mal qui le priverait à nouveau de sa liberté. C'est donc une épée de Damoclès, mais salutaire celle-là, toujours suspendue sur sa tête jusqu'à la libération définitive.

On a critiqué l'introduction de la liberté conditionnelle en Belgique, à cause précisément du régime pénitentiaire employé dans ce pays. Qu'est-ce en effet que la libération conditionnelle, sinon la récompense pour ceux qui ont manifesté le repentir et l'amende-

ment. Or, pour que l'on puisse juger si réellement
ces conditions se trouvent remplies, il faut nécessairement, a-t-on dit, un stage commun. C'est là vraiment que l'on pourra voir si le condamné mérite une
faveur par suite de sa résistance au mal et de sa
persévérance à suivre le sentier du bien. Dans la
cellule, au contraire, forcément le détenu se conduit
bien ; mais en sera-t-il de même aussitôt qu'il sera
rendu à la liberté ? Aura-t-il assez de force de caractère pour fuir les mauvaises occasions qui se présen-
teront ? Cependant, on peut répondre facilement à
ces objections. Certainement le régime cellulaire ne
peut donner l'assurance qu'un individu s'est amendé ;
peut-être celui-ci est-il un hypocrite. Eh bien ! c'est
justement par cet usage anticipé de la liberté que le
condamné montrera qu'il réalise les espérances que
l'on avait fondées sur lui. La Société aura toujours
le dernier mot et elle saura bien lui retirer ses faveurs
s'il s'en montre indigne.

On peut trouver le principe de la libération conditionnelle dans un arrêté du Régent, du 18 juillet
1831, lequel n'a jamais reçu d'exécution.

Le projet de la loi actuelle fut présenté par M. Le
Jeune, ministre de la justice, le 23 mars 1888 et adopté
à l'unanimité et sans amendement par la section
centrale au nom de laquelle M. Thonissen fit un
rapport à la séance du 1er mai suivant. La discussion
eut lieu les 9, 11, 15 et 16 mai. La Chambre réduisit

de la moitié au tiers la portion de la peine totale que le condamné doit avoir subie pour bénéficier de la libération. Le 22 mai 1888 la Commission de la justice du Sénat présenta son rapport, concluant à l'unanimité à l'adoption du projet amendé par la Chambre. Enfin le 24 mai la loi fut adoptée et promulguée le 31.

Les condamnés qui ont à subir une ou plusieurs peines principales ou subsidiaires emportant privation de la liberté, peuvent être mis en liberté, conditionnellement lorsqu'ils ont accompli le tiers de ces peines, pourvu que la durée de l'incarcération déjà subie dépasse trois mois.

S'il y a récidive légale, la durée de l'incarcération déjà subie doit dépasser six mois et correspondre aux deux tiers des peines.

Les condamnés à perpétuité peuvent être mis en liberté conditionnelle lorsque la durée de l'incarcération déjà subie par eux dépassera dix ans ou, s'il y a récidive légale, quatorze ans.

La mise en liberté peut toujours être révoquée pour cause d'inconduite ou d'infraction aux conditions énoncées dans le permis de libération. Enfin, la libération définitive est acquise au condamné si la révocation n'est pas intervenue avant l'expiration d'un délai égal au double du terme d'incarcération que celui-ci avait encore à subir à la date à laquelle la mise en liberté a été ordonnée en sa faveur.

La mise en liberté conditionnelle est ordonnée par le ministre de la justice et éventuellement révoquée par lui.

Un arrêté du 1ᵉʳ août 1888 règle ensuite la mise à exécution de la loi : l'initiative, en matière de libération conditionnelle, appartient aux directeurs des prisons, aux commissions administratives qui doivent prendre l'avis motivé des directeurs et à l'administration centrale qui consulte les deux précédents. C'est ici que le « Compte moral », ouvert à chaque détenu, entre en jeu : c'est sur lui en grande partie que se base la décision ; d'ailleurs un extrait en est annexé à toute proposition.

Un avis favorable doit être donné par le Parquet poursuivant et le Procureur général du ressort. On fait part de la mise en liberté au bourgmestre de la ville où le détenu doit se retirer et le bourgmestre avertit le Procureur du Roi du ressort de la présence du libéré.

Pour la révocation de l'arrêté de mise en liberté, le ministre prend l'avis du Procureur du Roi et des autorités locales.

Une loi du 3 août 1899 est venue modifier la loi de 1888 : elle décide que le délai d'épreuve, qui doit être le double de la peine restant à subir, pour obtenir la libération définitive, ne pourra être inférieur à deux ans. Il sera au minimum de cinq ans si le libéré a encouru dans le courant des cinq années antérieures à la date de sa dernière condamnation soit une peine principale de trois mois d'emprisonnement au moins, soit deux ou plusieurs peines principales de un mois au moins.

La libération conditionnelle reçoit une large application en Belgique et on ne la dispense qu'avec un grand soin ; c'est du moins ce qu'assure M. Van den Heuvel, ministre de la justice, lors de la discussion du budget en mars 1900. Les résultats en sont favorables. On relève, depuis le 30 juin 1888 jusqu'au 31 décembre 1897, 1.656 libérations conditionnelles ; 1.241 sont devenues définitives, 59 seulement ont dû être révoquées ; les 356 libérés restants sont encore dans la période d'épreuve. Par conséquent, la grande majorité des libérés conditionnels ont pu reprendre leur place dans la société et faire oublier leur passé. Il en a été de même pour d'autres condamnés ayant subi entièrement leur peine.

La plupart des libérés continuent le métier qu'ils ont appris en cellule. Beaucoup aussi quittent le pays et M. Stevens lui-même avouait qu'il leur donnait souvent ce conseil. L'Administration pénitentiaire, d'ailleurs, encourage actuellement l'émigration. Elle distribue à ses condamnés des fascicules imprimés dans lesquels il est traité des colonies étrangères ; il y a là des renseignements nombreux sur le climat, les cultures, les industries, les ressources enfin de ces pays. C'est un moyen de faire germer dans l'esprit du condamné l'idée de l'expatriation et, quand à la libération il s'y trouve bien décidé, on lui indique même quelle est la colonie où il serait le mieux. C'est une transportation économique. Les libérés, en effet, trouvent assez difficilement du travail ; il faut toutefois reconnaître que les comités de patronage remédient le plus souvent à cet inconvénient. Mais ce qui est surtout une cause d'émigration, c'est la surveillance de la Haute police, laquelle est prononcée facultativement par les cours et tribunaux (article 88, Code pénal). Il est vrai qu'elle s'applique aux libérés réputés dangereux, et qu'elle contribue ainsi à purger la métropole. La justice assigne donc une résidence obligatoire à ces individus, mais c'est une maladresse, car les obligations que la surveillance entraîne désignent clairement le libéré aux habitants et l'empêchent de trouver du travail. De là résultent le découragement, le désespoir et partant la récidive à moins que l'individu ait le bon esprit d'émigrer, et alors il va commettre ses délits à l'étranger.

Pour arriver au reclassement définitif des condamnés, il ne suffit pas d'avoir un régime pénitentiaire bien organisé. Il faut que l'œuvre commencée en prison soit poursuivie : c'est là le but du Patronage. L'individu relâché a pu prendre de bonnes résolutions. Or, il va retomber dans la foule ; il va peutêtre rencontrer des obstacles, il va se décourager. C'est pourquoi il lui faut un soutien, un guide qui

H. Martin. — 9.

l'encouragera, l'empêchera de se laisser abattre, enfin lui procurera un moyen de gagner son pain. Mais, pour que le libéré ait confiance, il faut qu'il ne voie pas dans le patronage une institution d'Etat; il faut qu'il soit bien persuadé que c'est dans son intérêt et par charité que l'on vient à lui. Or, pour cela, il faut qu'il connaisse ceux qui viennent lui donner des conseils et qu'il puisse leur ouvrir son cœur. C'est donc à l'administration des prisons de faciliter la tâche. Elle doit permettre aux membres des sociétés de patronage d'entrer dans la prison, de visiter le prisonnier; c'est à la Commission administrative d'autoriser l'entrée des personnes recommandables, capables de faire le bien, d'ouvrir la porte à de véritables apôtres et non pas à des gens qui viendront là pour satisfaire une vaine curiosité. C'est d'ailleurs ce qui existe en Belgique, où le patronage a pris, dans ces dernières années, un grand développement, surtout depuis l'introduction de la libération conditionnelle. Celle-ci, en effet, en armant l'administration vis-à-vis du libéré, l'amène à accepter avec soumission et reconnaissance l'intervention des comités de patronage.

L'administration, d'ailleurs, facilite autant que possible la tâche des comités; elle autorise un certain nombre de membres (ce nombre est déterminé pour chaque prison suivant les circonstances locales et la population habituelle de la prison) à visiter librement en cellule les condamnés. Les visites ont lieu aux jours et heures convenus de commun accord entre le président de la Commission administrative et le président du comité de patronage, après avis du directeur. Ces personnes charitables s'entretiennent avec les détenus de leur famille, de leurs résolutions, de leurs goûts. Elles s'efforcent de leur trouver du travail pour l'époque de la libération et donnent des secours aux familles nécessiteuses des détenus intéressants.

Le gouvernement reconnaît l'action bienfaisante de ces sociétés en leur accordant des subsides. Les visiteurs contribuent à la libération anticipée du prisonnier qui en est digne : ils sont en effet consultés lorsqu'une proposition de libération conditionnelle est faite. De plus, quand le détenu est mis en liberté, le directeur de la prison peut, sur la demande d'un comité, lui remettre tout l'avoir du détenu : c'est au comité d'apprécier à quelle époque et dans quelle mesure la remise en sera faite à l'individu. Enfin, les sociétés de patronage peuvent obtenir du gouvernement la remise de la surveillance de la haute police ou la levée de l'interdiction de séjour.

Les comités favorisent souvent l'expatriation des libérés. Grâce à leurs ressources, si le pécule ne suffit pas, ils paient le prix de transport de l'individu, lui remettent quelques subsides et ce dernier peut ainsi obtenir dans des pays neufs ou éloignés des travaux souvent rémunérateurs. Le comité d'Anvers a souvent usé de ce moyen, qu'il trouve excellent : il a envoyé des libérés dans la République Argentine, au Transvaal. Enfin, grâce à cette protection, le condamné ne se trouve plus un paria; peut-être rencontrera-t-il l'hostilité des ouvriers, mais il trouvera vite un consolateur et un appui dans la personne de son patron, qui le plus souvent est membre du comité.

Le patronage a passé en Belgique par bien des vicissitudes. Il fut organisé par l'arrêté royal du 4 décembre 1835; on en confiait le fonctionnement aux commissions administratives des prisons et subsidiairement à des comités ou à des patrons. Malheureusement, le gouvernement accordant des subsides voulut en faire une institution officielle, si bien qu'elle périclita. En 1848, le 14 décembre, un arrêté décide que les commissions administratives des prisons se chargeront du patronage intérieur et que le patronage extérieur sera dévolu à des comités établis dans chaque canton judiciaire. C'était faire du patronage un rouage officiel qui inspirait maintenant de la méfiance au libéré, pour lequel l'œuvre devenait un complément de la surveillance de la haute police. L'immixtion de l'Etat ne peut guère que paralyser ce qu'il y a de noble et de généreux dans l'initiative privée. Le patronage est d'ailleurs une œuvre de charité et, dans l'intérêt des détenus, elle ne peut être officielle. Le gouvernement ne doit concourir à cette grande œuvre que par son appui moral et pécuniaire, en lui laissant toute son indépendance. Le résultat de tout cela fut que le patronage s'éteignit de lui-même en 1870.

Depuis, de nouvelles associations charitables se sont formées et leurs résultats ont été satisfaisants. Elles se sont constituées en fédération, sur le désir du Ministre de la Justice, en 1889. Elles ont une grande influence morale; leurs membres ont augmenté et l'élite de la société en fait partie. Il y a actuellement 29 sociétés de patronage en Belgique. Il en existe une au chef-lieu de chaque arrondissement judiciaire, c'est-à-dire auprès de chaque prison.

Certains criminels sortent amendés, mais d'autres par contre retombent fatalement dans la voie du crime. Des statistiques ont été établies pour les maisons centrales et les prisons secondaires. Voici le nombre des récidivistes :

	Dans les prisons centrales.	Dans les prisons secondaires.
En 1875. .	50,87 pour cent.	41,08 pour cent.
En 1876. .	53,24 —	43,95 —
En 1877. .	62,03 —	38,65 —
En 1895. .	60,22 —	68, » —
En 1896. .	60,55 —	71,33 —
En 1897. .	63, » —	66,71 —

On voit que dans les maisons secondaires la progression est forte. Il faut cependant se mettre en garde contre les dangers de la comparaison des statistiques. De 1875 à 1877 on a calculé la proportion des récidivistes par rapport à l'ensemble de la population totale des condamnés détenus au 31 décembre. En 1895, 1896 et 1897 au contraire, la proportion a été calculée par rapport au nombre des condamnés à plus de trois mois d'emprisonnement détenus au 31 décembre. Or l'application de la loi du 31 mai 1888, sur la condamnation conditionnelle de laquelle peuvent seuls bénéficier les délinquants non récidivistes, qui ont encouru une peine inférieure à six mois, a eu pour conséquence de soustraire à l'emprisonnement un nombre de plus en plus grand de condamnés à court terme sans antécédents judiciaires. Ceux-ci figurant dans la première période diminuent donc le chiffre proportionnel des récidivistes.

Les statistiques n'examinent que les condamnés au-dessus de trois mois, parce que ceux-là seuls ont un compte moral, qui permette d'avoir des renseignements détaillés.

En tous cas, il y a une hausse notable du nombre des récidivistes dans les prisons secondaires, mais il ne faut pas partir de là pour faire le procès de la cellule. En effet, les délinquants en général sont insensibles à un châtiment qui, sans leur infliger une souffrance physique, ne les prive de la liberté que pour peu de temps. Ils s'accommodent bien d'un petit séjour en prison ; ils trouvent même là un refuge contre les rigueurs de la saison. C'est pourquoi l'abus des courtes peines est un vice des lois pénales. Il faudrait instituer un nouveau moyen de répression. C'est au contraire dans les maisons centrales que l'on peut se rendre compte des effets de la cellule. Or, nous avons vu que le nombre des récidivistes est à peu près toujours semblable ; mais si l'on observe que la population de la Belgique depuis 1876 s'est accrue de plus de un million d'âmes, on verra que la récidive a plutôt diminué.

Il serait d'ailleurs bien téméraire de prétendre que la cellule tend à supprimer la criminalité. Elle a surtout un but qu'elle atteint parfaitement : c'est d'empêcher les condamnés de devenir pires. Il y a là déjà un résultat immense que l'on ne peut certainement atteindre dans le régime commun. Consultons encore la statistique et nous en aurons la preuve. En 1835, il y avait 28 pour cent de rédicivistes sous le régime commun. En 1844 ce nombre a doublé : il atteint 55 pour cent. Sous le régime mixte avec prédominence de l'emprisonnement en commun, il y a 70 pour cent de récidivistes. Et depuis 1860 ce résultat n'a jamais été atteint ; la récidive s'est trouvée enrayée et la cause en est certainement la généralisation du système cellulaire.

CHAPITRE V.

ÉTAT DE LA QUESTION PÉNITENTIAIRE
DANS LES AUTRES PAYS.

La Belgique a donné l'essor. Tous les pays, à leur tour, se sont préoccupés de la question du régime à appliquer à leurs condamnés et ont introduit de nombreuses améliorations dans leur système pénitentiaire. Ils sont, malgré tout, loin d'être arrivés à l'unification, comme la Belgique, mais tous ont accepté l'emploi plus ou moins long de la cellule. Beaucoup de temps se passera encore avant que les vœux émis par les criminalistes soient mis à exécution. Il y a encore en effet beaucoup d'hésitations ; la raison budgétaire notamment est un sérieux obstacle à la réforme, mais il est toutefois intéressant de remarquer que partout la base que nous préconisons, c'est-à-dire la cellule, a été adoptée. Un tableau d'ensemble très succinct permettra de se rendre compte de cette évolution dans la plupart des États :

1° **Allemagne.** — Il n'y a pas en Allemagne de droit

uniforme réglementant dans le détail l'exécution des peines. Cette matière est abandonnée à la législation des Etats particuliers, aussi le régime pénitentiaire varie-t-il beaucoup suivant les différents territoires de l'Empire. Pour remédier à cet inconvénient, les Etats confédérés ont, en novembre 1897, arrêté certains principes communs sur l'aménagement des prisons, le régime alimentaire, le travail des prisonniers, les peines disciplinaires à leur imposer; ces principes sont appliqués partout, en sorte qu'une plus grande uniformité dans l'éxécution des peines est ainsi assurée.

La législation allemande est favorable au régime cellulaire, tout au moins en ce qui concerne la première partie de la peine. Le délai d'isolement est de trois ans à moins que le détenu veuille rester en cellule plus longtemps.

Le travail est obligatoire pour tous les condamnés et l'administration a adopté la régie.

Le régime pénitentiaire Badois adopte la cellule comme forme régulière de la détention, tout au moins en ce qui concerne la première partie de la peine. Si en cours de peine il devient nécessaire de recourir à la prison commune, on évitera autant que possible d'interner ensemble des éléments disparates et de plus on emploira la cellule de nuit. Depuis 1888, le Grand Duché de Bade a opéré de grands travaux consistant soit en constructions de prisons nouvelles, soit en agrandissements des anciennes, de sorte que actuellement les locaux sont suffisants pour le nombre des condamnés. Les ordonnances de 1890 et 1897 règlent le régime des prisons badoises.

En Prusse la quantité des cellules augmente également et, malgré leur nombre encore restreint, on peut cependant soumettre au régime cellulaire tous les réclusionnaires de trente ans et les délinquants primaires qui ont dépassé cet âge.

2º **Autriche**. — La durée de l'emprisonnement cellulaire en Autriche est de trois ans. Il y a en Autriche peu de cellules. Elles sont réservées aux meilleurs et après eux aux pires. Deux jours de cellule purgent trois jours de peine. Mais le condamné ne peut y accomplir toute sa peine que s'il doit être libéré par six mois de cellule ou si le maximum de la peine est de dix-huit mois et qu'il paraisse susceptible d'amendement, (15 °/₀ seulement des condamnés peuvent bénéficier du régime cellulaire). Le système commun succède à l'isolement, même après un temps très court, si le détenu se montre incorrigible. Le travail est obligatoire; quant au régime appliqué il est très doux.

3º **Danemark**. -- En Danemark, les travaux forcés s'exécutent dans les maisons de force (deux ans à seize ans ou à perpétuité) ou de correction (huit mois à six ans). Dans les premières, les détenus sont traités en commun; dans les secondes ils sont en cellule, à

moins que leur santé ne s'y oppose. La peine subie
en cellule fait obtenir une réduction proportionnelle.
Les condamnés à l'emprisonnement (deux jours à
deux ans) ne sont pas obligés au travail, et sont, sauf
le cas où la santé ne s'y prêterait pas, placés en
cellule. Les détenus condamnés aux travaux forcés
subissent la peine d'après le système progressif ou
Irlandais, lequel se termine par la libération conditionnelle s'il y a lieu.

Le travail dans les pénitenciers est, sinon pro-
ductif, du moins utile et en partie industriel, en
partie domestique. Le Danemark l'a organisé à
l'entreprise et ne donne pas de salaire aux prisonniers.

4° France. — En France, il faut faire une distinc-
tion entre les maisons centrales et les prisons départementales. Dans les premières sont envoyés les
condamnés à de longues peines, dans les secondes
les individus condamnés à un an et un jour et au-
dessous et ceux qui, devant subir une peine cellulaire
plus forte, ont obtenu du ministre de l'intérieur
l'autorisation de rester en cellule.

La réforme des prisons de courtes peines, préparée
par l'enquête parlementaire poursuivie de 1871 à
1874, a été consacrée par la loi du 5 juin 1875, dont
le but était de substituer le régime de l'emprisonnement individuel au système de l'emprisonnement en
commun. Toutefois, cette substitution se trouvait subor-

donnée à la transformation des prisons départementales. La loi du 5 juin 1875 accorde dans ce but des subventions aux départements qui seront disposés à se conformer à ses désiderata.

Une nouvelle loi du 4 février 1893, dans le but de hâter la réforme, donne à l'Etat le droit de déclasser la maison qui ne satisferait pas aux conditions d'hygiène, de moralité, de sécurité, et lui permet d'exonérer d'une partie des charges qui leur incombent les départements qui lui rétrocéderont la propriété de leur prison de gré à gré. Nous avons actuellement trente-neuf prisons cellulaires, dont quelques-unes très importantes, comme celles de la « Santé » à Paris et de Fresnes-les-Rungis (Seine), qui contiennent ensemble trois mille cellules.

Le règlement de 1881 décide que « toute commu- » nication est interdite aux prisonniers entre eux » pendant toute la durée de leur emprisonnement, à » quelque catégorie qu'ils appartiennent. » La séparation, dont le maximum est de un an et un jour est assurée par les cellules d'attente à l'arrivée, les cellules de travail qui sont aussi les cellules de repos, les préaux cellulaires et l'usage du capuchon en étamine de fil pendant la circulation à l'intérieur de la maison.

La discipline fait une large part à la réforme morale du prisonnier par l'institution de bibliothèques, d'écoles, de conférences et par une sérieuse organisation du travail. Cependant, tout en se proposant l'amendement du prisonnier, on ne néglige pas de conserver à la prison un caractère de sévérité et d'intimidation. L'organisation est, à peu de chose près, la même qu'en Belgique et une réduction de peine d'un quart s'applique aux condamnés en cellule qui doivent subir plus de trois mois. Le travail est obligatoire. Il est organisé à l'entreprise dans les prisons départementales, ce qui permet aux détenus de continuer leur métier s'il se concilie avec les règlements; on a recours à l'entreprise générale dans les circonscriptions pénitentiaires comprenant des prisons peu importantes, et à l'entreprise partielle dans les autres, par exemple dans les prisons du département de la Seine. Toutefois, l'administration ne permet aucune immixtion à l'entrepreneur.

Les maisons centrales de force sont réservées aux réclusionnaires et aux femmes condamnées aux travaux forcés; celles de correction aux prisonniers correctionnels de un an et un jour à dix ans. Nous avons dix maisons centrales d'hommes et trois de femmes. La règle est dans toutes l'obligation au silence et au travail. Le régime des maisons centrales est la vie en commun, mais quelques établissements possèdent des cellules de nuit. Le travail dans les maisons centrales est organisé en régie.

5º **Grande-Bretagne.** — En *Angleterre,* on distingue les prisons locales réservées aux condamnés subissant

une peine maxima de deux ans et les pénitenciers
où sont enfermés les condamnés à plus de trois ans.
Depuis 1877, toutes les prisons sont sous l'autorité
de l'Etat. Auparavant, les prisons locales avaient leur
administration propre émanant des autorités du
comté; maintenant il y a unité de direction. La loi
de 1891 sur les travaux forcés a aussi remplacé par
trois ans le minimum de la servitude pénale qui était
de cinq ans. Autrefois, on employait les détenus à
des travaux publics à l'intérieur tels que la construction des bassins de Chatam, du brise-lames de Portland, de sorte que le prix du travail des forçats à
Chatam, à Portland, Portsmouth équivalait presque
à leur entretien. Or il y a eu diminution notable des
condamnés aux travaux forcés et par conséquent
impossibilité de faire de grands travaux publics;
mais on emploie encore les détenus à des travaux
manuels sains et fortifiants au grand air.

La loi de 1898 sur les prisons a apporté de grandes
modifications dans l'organisation intérieure des prisons et a institué des comités de visiteurs pour chaque
pénitencier. Les prisons anglaises sont soumises à
l'emprisonnement cellulaire et à l'emprisonnement
en commun. Dans les pénitenciers le travail se fait
en commun excepté pendant un terme initial
d'épreuve de six mois de cellule. Dans les prisons
locales, le système cellulaire a prévalu, mais les
règlements élaborés pour la loi de 1898 prescrivent

le travail en commun quand il est praticable, sauf pour les détenus condamnés à la détention avec travaux forcés, qui doivent passer en cellule et strictement isolés le premier mois de leur peine avec travail manuel fatiguant auquel succède une occupation aux industries ordinaires de la prison et, s'il est nécessaire, le travail commun. L'individu condamné à la détention sans travail forcé est employé à une industrie utile exercée dans la prison. Le travail est rémunérateur, même celui exercé dans le premier cas pendant le premier mois, toutes les anciennes formes de travail improductif ayant été abolies, par exemple la manivelle, le moulin de discipline etc..... On occupe toujours le détenu à un travail utile, comme moudre du blé, pomper de l'eau, scier du bois.

Le condamné à la Servitude Pénale, enfermé dans les pénitenciers, travaille en commun à des ouvrages d'utilité publique, après un stage d'épreuve de six mois en cellule.

Le travail, dans les prisons anglaises, est entièrement sous le contrôle de l'Etat, et consiste presque exclusivement en ouvrages incombant aux différents départements de l'Etat : on ignore le système d'affermer le travail des prisonniers à des entrepreneurs et le sentiment public d'ailleurs réprouverait ce mode comme contraire à la discipline et à la moralisation. Les détenus ne touchent pas de salaire, mais des gratifications. Le système anglais accorde en outre des récompenses à la bonne conduite et au zèle au travail en donnant des « Marques » ou bons points, qui procurent le plus souvent une diminution de peine.

En *Ecosse*, le système des prisons est cellulaire. Dans les prisons locales ordinaires qui renferment les détenus condamnés à une peine de deux ans et au-dessus, tous les prisonniers ont la permission de sortir de leurs cellules pour prendre de l'exercice, et, selon l'ouvrage fait dans chaque prison, un certain nombre d'entr'eux sont employés au dehors, sous la surveillance des gardiens, à un travail commun. Les forçats sont soumis au régime auburnien. Le système des Marques est également en vigueur. Il existe en Ecosse 13 prisons cellulaires locales et un pénitencier.

En *Irlande*, le système cellulaire est appliqué à tous les détenus des prisons locales, c'est-à-dire à tous les individus condamnés à une peine inférieure à deux ans. Les forçats sont soumis à l'isolement pendant neuf mois, puis placés sous le régime auburnien. L'Irlande a adopté un système progressif, lequel consiste à récompenser le prisonnier en le faisant passer d'une classe inférieure dans une classe supérieure impliquant une meilleure nourriture, des visites plus fréquentes, uue gratification plus forte à la libération, un travail plus facile, une remise de peine.

6° Hongrie. — Depuis 1880, on pratique en Hongrie le système progressif qui comporte comme en Irlande l'établissement intermédiaire de la libération conditionnelle. Dans la première période, le condamné est mis en cellule et laissé quelques jours dans le désœuvrement afin de donner naissance au repentir. Pendant toute la durée de la peine, il est obligé de travailler, mais il peut choisir son métier parmi ceux qui sont exécutés dans le pénitencier où il est interné, et il reçoit un salaire soit de l'Etat, soit d'un entrepreneur qui n'a aucun droit de surveillance dans la prison. La durée de la détention cellulaire est de un an, sauf pour les condamnés à perpétuité qui restent dix ans en cellule.

Le système hongrois vise plutôt à la correction qu'à la répression. Les détenus sont convenablement traités ; en cas de bonne conduite on leur alloue même des récompenses pécuniaires. A ceux qui enfreignent le règlement on applique les peines disciplinaires dont la plus rigoureuse est la cellule obscure et les fers serrés.

7° Italie. — Le régime italien est mixte. Le système d'Auburn succède à un emprisonnament cellulaire dont le maximun est de dix ans. Le travail est obligatoire et le détenu reçoit un salaire. L'emprisonnement cellulaire Belge est bien mieux organisé et plus supportable.

8° Pays-Bas. — L'emprisonnement est la seule

peine privative de liberté appliquée en Hollande. Il est fixé de un jour à quinze ans ou à perpétuité! L'emprisonnement d'une durée de cinq ans ou de moins de cinq ans est subi entièrement en cellule. Le temps passé en cellule ne peut donc excéder cinq ans à moins que l'administration autorise le détenu, sur sa demande, à rester isolé. Le reste du temps se passe en commun, et la plupart des prisons sont pourvues de dortoirs avec alcôves en fer. Dans un temps relativement peu éloigné toutes seront organisées de cette façon.

Le travail est obligatoire et le détenu touche un salaire. On pratique à la fois la régie et l'entreprise, mais le plus souvent l'administration donne la préférence au premier mode et elle cherche à l'employer à l'exclusion de l'autre. La tendance du système pénitentiaire hollandais est plutôt d'intimider que de réformer et le régime est plus dur qu'en Belgique

9° **Russie.** — La Russie a réalisé depuis plusieurs années de grands progrès dans son système pénitentiaire. Elle a bâti plusieurs établissements cellulaires, mais pour des raisons budgétaires la transformation est bien loin d'être opérée. Cependant, il est à peu près certain que de nouveaux pénitenciers vont être construits suivant les données actuelles de la science pénitentiaire. En effet, le projet de Code pénal est en ce sens, et le budget de l'administration pénitentiaire va être augmenté pour assurer l'application de la loi du 12/25 juin 1900

Pendant longtemps, la Russie s'était désintéressée de la question, car elle trouvait dans la déportation en Sibérie depuis le xvi° siècle une grande facilité à se débarrasser de la plupart de ses délinquants : Elle en faisait même la base de son système pénal. Or, la loi nouvelle abroge la déportation en Sibérie, en Transcaucasie et en d'autres provinces lointaines de la Russie, et la remplace par des peines privatives de liberté, organisées d'après les principes pénitentiaires modernes.

10° **Suède**. — La Suède a fait de nombreuses réformes depuis plus de cinquante ans grâce à l'initiative généreuse du Roi Oscar II. Avant son arrivée au pouvoir, il préconisa le système de Philadelphie et réussit par ses écrits à faire adopter le régime cellulaire comme base du système pénitentiaire Suédois. Tous les condamnés à deux ans au plus d'emprisonnement ou de travaux forcés devaient être mis en cellule, d'après les résolutions adoptées par la Diète en 1840. Le Code de 1864 qui, en abolissant les anciennes pénalités, avait édicté l'emprisonnement avec ou sans travail, nécessita la construction de nombreuses prisons, si bien que l'exécution de cette grandiose réforme se termina en 1887. En 1892, le Gouvernement, satisfait des résultats de l'emprisonnement cellulaire et en mesure de faire face aux nécessités de la répression, par suite de l'achèvement des prisons, proposa à la Diète un projet d'extension de la prison cellulaire. Il fut adopté, et le 29 juillet de la même année fut promulguée la loi actuelle, qui prescrit que le travail pénal pour quatre ans au moins sera subi en cellule, avec réduction d'un quart de la peine. Le maximun effectif de l'emprisonnement en cellule est donc de trois ans; le reste de la peine est subi dans la prison commune avec mise en cellule la nuit. Les détenus sont privés de l'usage de la cantine, car l'administration considère la nourriture comme suffisante (ordonnance de 1891) et du tabac (5 janvier 1899). Enfin on se montre très exigeant vis-à-vis des détenus au point de vue de la discipline.

11° Suisse. — Le droit pénal est à peu près unifié en Suisse, mais l'organisation pénitentiaire reste réglementée par les autorités cantonales, ce qui donne lieu à quelque diversité. En général, le système pratiqué est le système Irlandais. Le temps passé en cellule varie suivant les cantons. Il est, par exemple, de trois mois à Bâle et à Soleure, de six mois à Zurich et à Saint-Gall, de dix mois à Neufchâtel, de douze mois à Argovie.

Le travail est exécuté presque partout en régie. Les condamnés peuvent rester en cellule, sur leur demande, ou ils y sont placés comme punition.

12° Japon. — Il serait injuste de terminer ce

chapitre sans rendre hommage au Japon, qui, depuis peu de temps, est entré résolument dans la voie de la réforme pénitentiaire. Les détenus sont séparés en catégories et de plus en plus le Japon s'oriente vers la mise en pratique du système cellulaire. Ce but est bien près d'être atteint, surtout maintenant que l'Etat a enlevé aux départements toute participation aux dépenses des prisons. En effet, depuis le mois d'octobre 1900, l'Etat seul supporte tous les frais et déjà la construction ou réparation de plusieurs prisons est prévue.

En un mot, dans tous les pays on s'intéresse à la question pénitentiaire, et presque tous ont introduit chez eux le système cellulaire qu'ils pratiquent sur une plus ou moins grande échelle, et dont ils reconnaissent les excellents résultats.

CONCLUSION

Que faut-il penser du régime cellulaire tel qu'il
est appliqué en Belgique? Lucas qualifiait d'« étrange
aberration » l'idée d'appliquer le système cellulaire
aux détentions prolongées. L'individu est condamné,
mais il est inhumain de le laisser pendant trop longtemps dans la solitude. Un travail énergique, activant
la circulation et occasionnant une dépense de force
musculaire, a paru remédier à l'affaiblissement causé
par l'isolement prolongé, mais le condamné s'épuise
fatalement. Donc, prolonger l'encellulement, c'est
torturer le détenu, c'est exagérer une épreuve dont il
n'est plus permis d'espérer aucun fruit. C'est une
chose terrible pour le criminel, après une vie de
passions et de débauches de se trouver seul en face
du remords : c'est une véritable punition, mais il y
faut un terme.

« Personne en demandant l'isolement n'a la pensée
» de le laisser dégénérer en une véritable torture,
» d'en faire un instrument de barbarie, dit M. Béren-

» ger le 21 mars 1884 au Sénat (1). Nous ne voulons
» pas que l'isolement soit trop long ni qu'il soit trop
» absolu. » C'est là le tort du régime Belge.

On ne peut contester l'importance ni l'organisation
remarquable de ce système. Que de progrès réalisés
depuis le dix-huitième siècle, ou l'idéal de tout régime
pénitentiaire était de prévenir le crime, le mauvais
air et la contagion des maladies, mais où il ne venait
à l'esprit de personne d'y joindre la réforme morale
des condamnés ! Le système Belge a pour base le
régime cellulaire qui est le meilleur, le plus répressif et le plus effrayant de tous les régimes. Seulement,
on a compris que s'il ne faut pas que le coupable
s'échappe, il ne faut pas qu'il soit maltraité. L'isolement absolu est un crime contre la nature humaine :
la sociabilité est le premier, le plus pressant de nos
besoins. Le régime de Philadelphie méconnaissait
cet axiome. La Belgique a au contraire organisé
admirablement son système pénitentiaire en instituant
tous les éléments possibles de moralisation. De cette
façon, elle rendait l'encellulement plus supportable, en empêchant la paralysie physique et morale
qui guettait fatalement le prisonnier de Philadelphie.

Par sa remarquable organisation, elle sanctifiait le
droit de punir en soustrayant le détenu aux mauvaises

(1) *Journal officiel.* — Débats du Sénat, 1884, p. 751.

influences et en prenant pour but la réhabilitation du coupable ; elle obéissait aux lois de l'humanité et de la justice qui exigent que le traitement criminel soit réformateur et non pas seulement afflictif et répressif. Tous ses efforts tendent à contrebalancer l'action débilitante et énervante de la détention, à intimider par le châtiment, à rendre laborieux et industrieux, à moraliser en inspirant le respect de soi-même et le sentiment du devoir, et à provoquer le repentir. En un mot, la Belgique n'a pas fait de la cellule un réduit sans issue, mais elle l'a ouverte à toutes les bonnes influences extérieures et en a rompu la monotonie par des travaux très bien organisés.

Seulement, puisque la peine dont la société frappe un coupable doit avant tout être un châtiment qui lui inspire la crainte de commettre de nouveaux méfaits, il faut éviter de tomber dans deux exagérations opposées. D'un côté l'emprisonnement ne peut comporter trop d'adoucissements, assurer un trop grand bien-être sous peine d'énerver la répression ; de l'autre il ne faut pas que l'isolement soit trop prolongé.

Actuellement, les criminalistes sont presque tous d'accord pour admettre le système cellulaire. Le Congrès de Bruxelles a voté d'ailleurs à l'unanimité la résolution suivante (1) : « Le Congrès estime que

______

(1) Séance du 10 août 1900.

» les résultats du système cellulaire quant à la crimi-
» nalité et à la récidive, pour autant qu'ils puissent
» faire l'objet d'une constatation expérimentale,
» répondent à l'attente des promoteurs de ce mode
» d'emprisonnement dans la mesure de l'action
» possible des procédés pénitentiaires. »

Seulement c'est relativement à la durée maxima de l'isolement que les avis sont partagés. Nous avons vu au chapitre précédent qu'elle varie suivant les Etats. La Belgique admet une période cellulaire de dix ans. C'est, à mon sens, une exagération. Je ne suis guère partisan d'un emprisonnement individuel trop prolongé, car je le crois nuisible à la santé physique et morale du condamné. J'estime toutefois que l'on tombe dans une exagération contraire en ne permettant la cellule que pour un temps relativement court; elle n'a certainement en ce cas aucune action efficace sur le condamné. Il serait téméraire de donner une limite certaine, mais d'après les observations qui ont été faites depuis longtemps, on peut dire, je crois, qu'un emprisonnement cellulaire de trois à quatre ans n'a aucune influence néfaste sur un condamné, surtout si l'on adopte l'organisation Belge qui est un type admirable pour l'établissement de la cellule courte.

On m'objectera bien que dans ce cas je risque de détruire les bons effets de la cellule en transférant ensuite le prisonnier en commun. Cela peut être se produira, je ne le nie pas, mais j'ai déjà montré dans un précédent chapitre que l'individu qui se conduira bien dans les conditions nouvelles où il sera placé, méritera bien plus les faveurs de l'administration. Et puis, celui qui, après un certain temps de cellule, ne résistera pas aux influences mauvaises de ses codétenus ne serait pas plus capable de rester dans le droit chemin s'il avait été isolé plus longtemps et avait ensuite été rendu immédiatement à la société honnête. Il est certain que si l'isolement n'a eu aucun effet salutaire à un individu pendant trois ou quatre ans, il n'en aura plus guère après ce temps.

L'œuvre qu'a entreprise la Belgique est maintenant achevée. Ce n'est pas seulement dans les prisons centrales que l'administration et la discipline sont organisées d'après un système uniforme. Il en est de même dans les prisons secondaires, qui ont une direction unique. Le personnel, soigneusement recruté, constitue la force de cette administration et y développe le remarquable esprit de corps qui le distingue. Enfin, la Belgique est redevable de sa situation pénitentiaire au dévouement d'hommes qui furent de véritables apôtres et qui consacrèrent leurs forces et leur vie à cette œuvre admirable : je veux parler des Ducpétiaux, des Stevens et de leurs éminents continuateurs. Ils ont compris que ce n'est pas seulement tel ou tel régime qui produira de bons résultats par cela seul qu'on en décrétera l'application ; ce qu'il

faut c'est une bonne organisation, une réglemen-
tation soigneuse des détails, où rien ne doit être laissé
à l'imprévu. Un système pénitentiaire mal compris
aura des effets déplorables aussi bien sur la santé et
sur l'esprit du condamné que sur sa moralisation et
son relèvement. Aussi est-il juste de répéter avec
Victor Hugo cette parole de Jean Valjean (*les Misé-
rables*) : « Les galères font le galérien. »

Vu : Le Président,
J. LEVEILLÉ.

Vu : *L'Assesseur du Doyen,*
GÉRARDIN.

Vu et permis d'imprimer :
Le Vice-Recteur de l'Académie de Paris,
GRÉARD.

TABLE DES MATIÈRES

CHAPITRE PREMIER

Le Régime Cellulaire en général.

CHAPITRE II

Historique du Régime Pénitentiaire Belge.

CHAPITRE III

Organisation du Régime Belge.

CHAPITRE IV

CHAPITRE V

Chartres. — Imp. Garnier

9 782014 025460